TRAITÉ

DE

L'OCCUPATION

SUIVANT LE DROIT NATUREL,
LE DROIT CIVIL ET LE DROIT INTERNATIONAL

CONTENANT

1° L'exposé des principes généraux ;
2° L'examen complet des *res nullius* d'après les textes ;
3° Une étude sur l'occupation des choses incorporelles,
Et 4° sur les effets de l'occupation militaire,

PAR

Ed. TARTARIN

Docteur en droit,
Avocat à la Cour d'appel de Poitiers.

PARIS

MARESCO AÎNÉ, LIBRAIRE-ÉDITEUR
RUE SOUFFLOT, 17

1873

TRAITÉ

DE

L'OCCUPATION

SUIVANT LE DROIT NATUREL,
LE DROIT CIVIL ET LE DROIT INTERNATIONAL.

CONTENANT

1° L'exposé des principes généraux ;
2° L'examen complet des *res nullius* d'après les textes ;
3° Une étude sur l'occupation des choses incorporelles,
Et 4° sur les effets de l'occupation militaire,

PAR

ED. TARTARIN

Docteur en droit,
Avocat à la Cour d'appel de Poitiers.

———— ❦ ————

PARIS

MARESCO AÎNÉ, LIBRAIRE-ÉDITEUR
RUE SOUFFLOT, 17

1873

*Ea quæ raro accidunt non temere in
agendis negotiis computantur.*
JULES.

Le texte de nos lois ne parle pas de l'Occupation. Les
économistes et les commentateurs du droit n'ont guère traité
de cette question que pour indiquer parfois le fondement
de la propriété, ou afin d'expliquer quelques fragments du
Digeste au titre *De adquirendo rerum dominio*, et quatre articles de notre Code civil.

Mais, si le mot n'est pas dans la loi, la chose y est
réglementée en plus d'un endroit. Ce mode d'acquisition,
primordial en droit romain, depuis l'occupation par conquête jusqu'à l'invention des procédés industriels, n'a pas
cessé d'avoir sa législation, dont l'examen fait l'objet de ce
travail.

Naturellement ce sujet entraînait, après l'exposé des
principes rationnels, le commentaire complet des *res nullius*,
des choses qui n'appartiennent à personne. Nous avons
cherché à les classer, à les inscrire dans leur vraie situation
juridique. Là se placent l'explication des textes du droit
romain, et, en droit français, une discussion sur la nature
des petites rivières, les dispositions relatives à la chasse, au
trésor, aux objets sans maître.

Puis, après les choses matérielles, nous avons songé à une autre propriété, celle des choses incorporelles ; et, sous ce titre, nous passons en revue les règles de l'occupation des idées, de certains droits.

Enfin un dernier chapitre est consacré à l'occupation militaire et au droit des gens, dont Grotius, il y a deux siècles et demi, essayait de jeter les bases modernes. Une courte étude sur les prises maritimes termine cet examen.

Tel est notre cadre. Parfois nous avons cherché à introduire des aperçus nouveaux, ce qui est d'un téméraire ; plus souvent nous avons calqué sur les précédents, ce qui est d'un craintif : nous ne pouvions, de toute façon, rien faire qui ne fût imparfait.

E. T.

CHAPITRE PREMIER

THÉORIE DE L'OCCUPATION.

I.

L'occupation consiste dans la prise de possession d'une chose qui n'appartient à personne. Elle est, dans l'ordre historique, le fait créateur de la propriété; elle en est le fondement philosophique et la justification en droit. Comme telle, elle mérite quelques observations théoriques avant l'examen des principes positifs et des applications.

1. — Quand on se place à notre époque pour raisonner sur cette matière, on constate que la plupart des droits de propriété nous ont été transmis par de précédents détenteurs, qu'il y a par conséquent acquisition dérivée; mais si, de degré en degré, on remonte jusqu'à l'origine de la propriété, jusqu'à la première relation de l'homme avec les choses, on trouve un fait primitif, un acte matériel créateur du premier droit réel : ce fait est l'occupation. Le premier homme placé sur la terre a dû commencer par prendre possession. Il en avait besoin pour vivre, et vivre était son premier devoir. Il lui fallait les aliments, les vêtements, la défense; tout cela était autour de lui, il s'en est emparé.

1

Et ce fait était légitime; autrement il faudrait admettre que des choses pouvant servir à chacun auraient été faites pour rester sans maître : ce qui est absurde.

Tel est incontestablement le plus ancien des actes juridiques : un droit résultant de la prise de possession des choses qui n'ont pas de maître. C'est l'application de ce verset de l'Ancien Testament :
« Croissez et multipliez (1), remplissez la terre et
» vous l'assujettissez. Je vous ai donné toutes les
» herbes qui portent leurs graines sur la terre, et
» tous les arbres, afin qu'ils vous servent de nour-
» riture. »

Le Manava Dharma Sastra, la plus ancienne loi de l'Inde (1,300 avant Jésus-Christ) consacre ce droit : « Les sages qui connaissent les temps
» anciens ont décidé que le champ cultivé est la
» propriété de celui qui le premier en a coupé le
» bois pour le défricher, et la gazelle celle du chas-
» seur qui l'a mortellement blessée (2). » La phi-
losophie de Confucius disait : « Ce que vous faites vous appartient, et ce que je fais m'appartient (3). »

A Rome, l'occupation a toujours été regardée comme un des modes d'acquisition de la propriété, et la langue latine elle-même a conservé cette tradi-tion, en désignant par le mot *mancipium* (de manu

(1) Genèse, ch. I, w. 28 et 29.
(2) Loi de Manou, liv. IX, w. 44 et 42.
(3) Meng-Tseu, ch. III, art. 9, *Lieou-Hia-Hoei.*

capere, prendre, s'emparer) (1) la propriété qui, chez une nation belliqueuse, était surtout rapportée à la conquête, jusqu'à ce que l'adoucissement des mœurs et du langage eût formé le mot *dominium* (de *domus*, maison), né des rapports plus paisibles entre citoyens et entre États.

Il en a été de même chez tous les peuples guerriers, où le butin formait le domaine le plus important, le plus honorable, et quelquefois le seul : « Nourrissez-vous des biens licites enlevés aux ennemis, » dit Mahomet à ses croyants (2). Xénophon avait mis dans la bouche de Cyrus une parole semblable : « Les biens des vaincus appartien- » nent au vainqueur (3); » et Platon admettait comme moyen d'acquérir la propriété sur l'ennemi la rapine ou loi du plus fort, χειρωτική (*mancipium*), ληστική (capture) (4).

Le droit canonique reconnaît l'occupation comme légitime, et l'admet aussi par la conquête, suivant l'idée de Tertullien (5) que tout royaume, tout empire s'acquiert par la guerre.

C'est donc là un fait admis partout, et, de plus, un droit primordial, rudimentaire, comme le droit de légitime défense, qui dérive lui aussi des devoirs de l'homme envers lui-même. Et, à ce titre, l'occu-

---

(1) Cicéron, *ad Atticum*, V, 20. — Isidore, IX, 4. — Donatus, *in Adelphos*, II, 1.
(2) Koran, ch. VIII, *du Butin*, v. 70.
(3) Cyropédie, liv. VII, ch. V, § 26.
(4) Platon, *des Lois*, I. — Conf. Aristote, *de la République*, I, 6.
(5) *Apologétique*, ch. XXV.

pation est un de ces droits sacrés qui, loin de s'affaiblir, ont une tendance à s'exagérer, au point de créer les excès qui les font condamner par quelques-uns.

Car de même que le droit de légitime défense, mal compris, a justifié la torture, le droit d'occupation a légitimé la conquête dans les nations, le vol dans les sociétés (1), le droit d'aînesse dans les familles (2). Et alors les publicistes, par réaction, ont attaqué la propriété au nom des principes égalitaires (3), comme ils avaient attaqué le droit de punir au nom de la liberté (4). On a laissé de côté l'occupation légitime et simple, telle que le droit naturel la reconnaît, pour n'en signaler que les abus; et des économistes ont condamné la propriété, sous prétexte qu'elle n'est qu'un préjugé historique, sans voir que l'histoire n'a été que la consécration d'un principe philosophique.

2. — L'occupation est en effet le fondement rationnel du droit de propriété.

N'en recherchons point les titres aussi intime-

(1) A Sparte, les lois de Lycurgue permettaient le vol (Plutarque, *Instit. Lacon.*, II, 237. — *Vie de Lycurgue*, t. I, p. 50). — Il en est de même encore chez les Arabes, où la rapine est un acte méritoire.

(2) L'origine première, sinon la raison du droit d'aînesse, se trouve bien dans l'idée de *préoccupation*. L'enfant, héritier de ses propres biens (*suus hæres* du droit romain), arrivait avant les autres dans ce patrimoine qui était déjà à lui : il conservait la place prise : « Qui premier vient, premier engraine » (Loysel, II, t. II, 32). Ce n'est que plus tard qu'a pu s'y joindre l'idée utilitaire de la conservation des biens dans une seule branche de la famille.

(3) Mably, *Traité de législation*. — J.-J. Rousseau, *Discours sur l'inégalité*, 2e partie. — Proudhon, *Qu'est-ce que la propriété?*

(4) Beccaria, *Traité des délits et des peines*, XVIII; Pinheiro Ferreira; Raffaeli, *Nomolesia penale*, Naples, 1820.

ment que l'a voulu faire l'école philosophique moderne (1); ne disons point que l'homme est propriétaire de lui-même, c'est-à-dire de sa personne
et de ses facultés; car la propriété implique toujours deux êtres, et cela par définition. La propriété, étant un rapport d'une personne à une
chose, ne peut avoir lieu en dehors de cette dualité.
Donc, dire que l'homme est propriétaire de lui-
même, c'est vouloir soutenir tout au moins une
contradiction.

Reid prétend seulement que « le droit de vivre
implique le droit de s'en procurer les moyens (2). »
Or les premiers moyens d'existence, les fruits que
je cueille pour me nourrir, l'eau que je puise au
ruisseau, la pierre que je ramasse pour me défendre
du serpent qui m'attaque, c'est l'occupation qui me
les fait acquérir. Car, pour vivre, je suis obligé par
la nature de disposer de ces objets comme de
choses qui sont à moi : ils sont donc véritablement
ma propriété; et cette propriété, la première, la
plus élémentaire, je l'ai acquise par l'occupation :
*occupancy is the ground and fondation of all pro-
perty* (3).

Principe aussi vrai dans le monde moral que
dans le monde physique, car la philosophie admet le droit du premier occupant en ce qui touche

---

(1) Cousin, *Leçons d'hist. de phil. mod.*, t. II, 20ᵉ leçon et sui-
vantes, et *passim*.
(2) Reid, Traduction de M. Jouffroy, t. VI.
(3) Blakstone, *Laws of England*, book II, 15.

les choses de l'esprit. De même, en effet, qu'à notre nature physique répondent certains besoins qui légitiment l'occupation matérielle ou celle des objets, de même on reconnait une propriété intellectuelle, ou celle des idées, consacrée et réglementée par le droit civil sous le nom de propriété littéraire et industrielle.

Si l'on allait plus loin sur cette voie, on pourrait établir une relation entre l'occupation des choses et celle des idées. Distinguer des idées *privées*; des idées *nullius* ou *communes* : tels sont les axiomes et les lieux communs; des idées *perdues* ou *abandonnées*, tels sont les ouvrages tombés dans le domaine public; comparer la *contrefaçon* ou usurpation de l'idée d'un autre au *stellionat* ou vente de la chose d'autrui; et de même qu'on admet les titres du premier occupant, quand il s'agit d'objets, pour lui permettre de repousser le voleur, de même consacrer les titres de l'*auteur* ou de l'*inventeur* pour le protéger contre *les plagiaires*.

3. — Toutefois cette solution, qui consiste à faire de l'occupation le fondement de la propriété, n'est pas adoptée par tous (1), et, de nos jours, les philosophes sont portés à abandonner la théorie de

_____

(1) Bentham, *Traité de législation*, II, p. 33, fait résulter la propriété de la loi : « Elles sont nées ensemble et mourront ensemble. » Avant les lois, point de propriété ; ôtez les lois, toute propriété » cesse. » (*Conf.* Montesquieu, *Esprit des lois*, XXVI, ch. xv. — Rousseau, *Contrat social*, liv. I, ch. ix.) Cet aperçu est faux, car la propriété, qui est un droit, ne peut dépendre des lois, qui sont arbitraires : or le droit est quelque chose d'absolu et de persistant (Abrens, *Cours de droit naturel*, Bruxelles, 1853, p. 382).

l'occupation pour s'attacher à celle qui fait naître le domaine du travail: système qui ne manque pas de dangers, car il produit des contradictions ; et M. Cousin lui-même, après avoir, d'une façon éclectique, admis l'alliance du travail et de la prise de possession, soutient plus loin que pour travailler il faut occuper (1).

Recherchons donc le véritable fondement du droit de propriété. Est-ce le travail ? est-ce l'occupation ? l'homme peut-il travailler sans occuper ? Il travaille et il occupe tout à la fois, dit-on (2). Il faut pourtant bien s'entendre; quel est, de ces deux faits, le créateur de la propriété ?

On a dit, dans l'opinion favorable au travail, que, pour devenir propriétaire, l'homme doit créer soit l'objet tout entier, comme lorsque, avec le bois, il fabrique un arc et des flèches, soit une plus-value dans l'objet, comme dans l'exemple qui va suivre : « Si des hommes, dit-on (3), parviennent à fertiliser une terre qui ne produisait rien, ou même qui était funeste, comme certains marais, ils créent par cela même la propriété tout entière. » Double erreur, car non-seulement ils n'ont pas créé le sol, mais encore ils n'ont pu en changer la substance. Comment alors pouvoir leur accorder un droit sur cette substance ? Tout au plus peuvent-ils en réclamer la plus-value.

Le travail ne crée donc pas primitivement la

(1) Cousin, *Philosophie morale*, p. 15 et suiv.
(2) Locke, *Gouvernement civil*, Propriété, ch. IV, p. 31.
(3) Ch. Comte, *Traité de la propriété.*

propriété, parce qu'il ne peut avoir lieu sans l'occupation. L'homme ne crée rien, il transforme, ou plutôt il crée tout, excepté la matière elle-même. Or il ne peut travailler sans matière.

Le travail n'est que le signe sensible, l'acte matériel par lequel l'occupation se manifeste. Je m'empare de ce bloc de marbre, qui n'est à personne : est-ce que je n'en ai pas la propriété *hic et nunc*, sans aucun travail, pourvu que mon intention soit de l'occuper et que mon pouvoir soit de le posséder d'une façon exclusive? Que plus tard je le polisse et que j'en fasse un chef-d'œuvre, je n'aurai rien acquis de plus sur cet objet. Il sera devenu plus précieux, je serai propriétaire d'une statue au lieu d'un fragment; mon travail aura ajouté une plus-value, et à une substance j'aurai donné une forme : mais je n'en serai ni plus ni moins propriétaire.

4. — Or, si l'occupation est le fondement de la propriété, en est-elle la justification juridique? Il faut qu'elle le soit; car autrement, si l'occupation était illégitime, la propriété le serait aussi, et ceux qui disent qu'elle est un vol auraient raison. Démontrons donc la légitimité de l'occupation.

C'est là une de ces vérités si proches des axiomes, qu'on leur trouve difficilement une démonstration directe, et qu'on est obligé de recourir souvent à une preuve par l'absurde. Aussi je ne puis pas prouver que l'occupation est légitime; mais je puis démontrer qu'il ne peut pas en être autrement.

On exige toujours d'un propriétaire le titre, la

cause en vertu de laquelle il détient la chose qui est
à lui. Ainsi il détient *pro empto* la chose qu'il a
achetée, *pro dato* l'objet qu'on lui a donné, de
sorte qu'il y a toujours un fait créateur de la propriété à son profit. C'est l'application de ce principe qu'il n'y a pas d'effet sans cause.

Il faut encore admettre que le titre antérieur l'emporte sur le titre plus récent, en vertu de la règle
d'après laquelle on ne doit pas dépouiller ceux qui
possèdent légitimement.

Enfin on est obligé de reconnaître que si deux
titres de valeur égale se disputent la propriété
d'une chose, il faut avoir recours à une autre raison
pour décider entre les deux. C'est alors que, le fait
venant au secours du droit, on juge d'après la possession : *melior causa possidentis*. Et dans les législations positives, quand le juge, dont le rôle est de
dire quel titre est le préférable, a déclaré qu'il y a
équilibre, le *statu quo* est respecté, parce qu'il n'y
a pas de raison pour le rompre.

Cela posé, le raisonnement à déduire est des plus
simples. L'occupant n'a d'autre titre que son occupation ; il ne crée pas ce qu'il prend. Mais ceux
qui le lui envient l'ont-ils créé plus que lui? ont-
ils plus de titres? Non, puisqu'il s'agit de choses
qui n'appartenaient à personne. C'est toujours la
vieille comparaison des anciens (1) : J'arrive le premier au théâtre, je prends la place qui me con-

(1) Cicéron, *de Finibus.*

vient. Vous venez ensuite, et la place que j'ai prise vous convient aussi : je n'y ai pas plus de droits que vous sans doute; mais vous n'en avez pas plus que moi. Pourquoi alors vous la céderais-je? Nos prétentions sont égales, à cela près que vous voulez acquérir, et que je ne tiens qu'à conserver.

Donc, si l'occupant n'a pas de titre, les autres n'en ont pas plus, et il est illogique de lui retirer son avantage. Toute autre solution à donner à la question serait la consécration de la loi du plus fort, ou plutôt la négation de tout droit. Il est par conséquent impossible que l'occupation soit illégitime : ce qu'il fallait démontrer.

Que si de ce principe théorique nous descendons aux conséquences, nous devons tirer de cette démonstration une règle que nous formulons ainsi : la prise de possession crée un juste titre quand il n'y a pas de titre au profit d'autrui. *Sic enim sit*, écrit Doneau, *ut naturali ratione res fiat occupantis, si in ea occupanda nihil detrahitur alteri; ac tum nihil detrahitur, cum in ea omni jure nihil alieni est* (1). Dans ce cas donc, occupation vaut titre.

Mais la prise de possession ne crée jamais la propriété, en face d'un titre, sans un titre au moins égal. L'occupation sans titre contre un juste titre est l'usurpation ou le vol.

Le travail qui va suivre n'est que la recherche

(1) Hugonis Donelli, *Comm. de jure civili*, l. III, ch. vii, § 3.

des divers titres qui peuvent se trouver en face de l'occupation.

5. — Et d'abord, il est urgent d'examiner une question qui a été posée souvent sous une autre forme : peut-il exister des choses *nullius*? Cette expression n'est pas prise dans sa généralité ; mais, nous plaçant sur le terrain où combattent les partisans et les adversaires de la propriété, nous nous demandons si, à quelque moment que ce soit, des objets susceptibles d'un droit privé sont susceptibles d'occupation légitime ; s'il ne se trouve personne qui puisse invoquer un titre contre cette occupation, qui ne serait alors qu'un vol ; si, en un mot, la propriété n'est pas toujours une usurpation.

Les partisans de l'affirmative exposent leur système dans les termes suivants : « Si une liberté » ne peut empêcher une autre liberté sa contem- » poraine de s'approprier une matière égale à » la sienne, elle ne peut davantage ôter cette » faculté aux libertés futures. Ne doit-on pas en » conclure que toutes les fois qu'il naît une per- » sonne douée de liberté, il faut que les autres se » serrent (1) » pour lui faire place ? Autrement dit, ils reconnaissent un droit acquis à la postérité, à l'encontre de ceux qui occupent maintenant ; ou, pour appliquer notre règle, ils admettent pour ceux qui n'existent pas encore un titre contre ceux

_____

(1) Proudhon, *Qu'est-ce que la propriété?* Ier mémoire, II, § 2.

qui existent ; et, comparant les hommes de toutes les époques aux membres d'une même famille, ils attaquent ce droit d'aînesse établi au profit des premiers-nés sur la terre.

Mais quel est donc ce titre qu'auraient les cadets de l'humanité prétendus dépouillés, pour se partager le patrimoine? Voilà ce qui n'a jamais été établi. L'homme n'a pas créé, dites-vous : donc il n'a pu acquérir. Mais les générations futures, dont on réserve les droits imprescriptibles pour diminuer ceux du propriétaire, ont encore moins créé que ce dernier : donc il ne peut y avoir pour elles un titre préférable. Depuis quand, d'ailleurs, y a-t-il des droits en ce monde pour ceux qui sont encore dans le néant? Dieu a donné la terre aux enfants des hommes, mais en la donnant à tous il ne l'a donnée à personne; la terre inoccupée est *res nullius*. Pour tirer de cette communauté négative des parties qui tombent dans le domaine individuel, il faut l'occupation; et cette occupation, parce qu'elle est antérieure à toute autre possession, *à tout autre titre*, rend l'homme propriétaire (1).

6. — Il est donc possible de démontrer, comme nous venons de le faire, la légitimité de l'occupation. Mais on a cherché à y parvenir d'une autre manière, et, dans un travail récent, dont l'idée, réminiscence de l'*ager publicus* romain, séduit au premier accueil, un savant professeur de la faculté

(1) Troplong, *de la Propriété d'après le Code civil*, ch. VII.— Thiers, *de la Propriété*.

de Toulouse (1) a combattu les doctrines abolitives de la propriété foncière par un argument qui n'est pas sans péril.

D'après la théorie subtile émise par M. Demante, l'occupation, base de la propriété, n'a jamais eu lieu au profit des individualités. C'est la nation qui a occupé, et qui profite encore aujourd'hui des bienfaits de la propriété foncière.

Qu'y a-t-il, en effet, dans cette propriété foncière? Les produits du sol peuvent être ramenés à trois causes distinctes : une part résulte du travail de l'année présente : c'est le rendement des efforts de l'usufruitier; une autre part découle du travail des années antérieures : c'est la rémunération du capital ou du travail accumulé. Jusque-là, rien qui ne soit étranger à la propriété foncière.

Reste la troisième part, qui représente l'énergie spontanée et, en quelque façon, la collaboration de la terre, et que les économistes appellent la *rente du sol*. Cette dernière part constitue à elle seule tout l'avantage matériel de la propriété foncière, puisque c'est la seule qui soit fille de la terre; et pour cela, elle a soulevé toutes les doctrines qui se sont formées au nom de l'égalité. Pourquoi, a-t-on dit, cette rente du sol, ce privilége du fonds est-il échu en partage à quelques-uns? M. Demante répond à cela quelque chose de péremptoire. Il n'y a point, selon lui, de rente du sol, ou, ce qui revient au même, elle ne va pas au

---

(1) Gabriel Demante, *Étude sur la théorie de l'occupation.*

propriétaire ; car, en fait, « l'occupation du sol n'a
» jamais eu lieu au profit d'un possesseur indi-
» viduel (c'est ce qu'il faudrait prouver). Partout
» et dans tous les temps, à la constitution de la
» propriété individuelle ont été attachées des
» charges civiques, contributions en nature ou en
» argent ; ces charges représentent la part de profit
» qui peut être ramenée à la fécondité naturelle
» du sol, et, dans l'état civilisé, le propriétaire a
» *tout au plus* la rémunération de son travail et
» le loyer de ses capitaux. Quant au profit tiré de la
» terre, il est restitué à la société par les charges
» qui accompagnent la propriété foncière. »

De quoi se plaignent donc alors les dépossédés,
puisqu'il n'y a que perte pour le propriétaire, qui
est tout au plus rémunéré de ses capitaux et de son
travail ? Qu'ont-ils à réclamer, si le bienfait du domaine est versé dans la caisse commune ? Les propriétaires ne sont que les usagers, et la nation est
le propriétaire.

Mais de là à légitimer les théories de Mably et
de Rousseau, de là à justifier toutes les exigences
du souverain, seul propriétaire de tous les domaines, les conséquences du régime provincial du
droit romain, les mesures fiscales, les confiscations,
la taille et tous les accessoires socialistes de la féodalité et de la monarchie absolue, il n'y aurait qu'un
raisonnement à faire.

Et puis, après tout, la question n'est que déplacée

quand on répond à ceux qui crient contre l'injustice de l'occupation : « Adressez-vous plus haut, c'est la nation que cela regarde et non les particuliers ; » il faudrait démontrer que la propriété est légitime pour la nation. Ce qui est juste aussi difficile que de le démontrer pour le citoyen.

L'auteur répond à cela : « Mais c'est déjà un grand résultat de rejeter de l'individu à la nation la responsabilité de l'occupation du sol. Entre l'invasion publique et l'invasion privée, il y a toute la différence de la conquête au brigandage. » C'est faire trop facilement cause commune avec ses adversaires, reconnaître avec eux qu'il y a une responsabilité à encourir, et que la propriété est une invasion ; c'est aussi se dispenser de fournir une justification en transformant une question de droit en un haut problème de science politique.

II.

7.— Pothier définit l'occupation. le titre par lequel
on acquiert le domaine de propriété d'une chose
qui n'appartient à personne, en s'en emparant dans
le dessein de l'acquérir (1). Par définition, elle ne
peut donc produire d'effet que moyennant deux
conditions : la première est relative à l'individu qui
occupe, et exige qu'il y ait prise de possession libre
et effective ; la seconde concerne l'objet occupé, et
consiste en ce que cet objet n'appartienne à personne.

La première condition est que le fait de l'occupation ait lieu avec l'intention d'occuper (2). Comme
la possession, dont elle n'est qu'un mode, l'occupation exige *animus,* ou volonté d'acquérir, et *factum,*
le fait matériel.

L'*intention* est exigée parce que l'occupation n'est
jamais qu'une manière de posséder. C'est toujours
par la possession que le droit nous conduit à la

(1) *De la Propriété,* 20.
(2) L. 1, § 3, Digeste, *de adq. rel am. pess.*—L. 18, § 2, *de pos-
sessioribus.*

propriété (1); or, pour posséder, il ne suffit pas de
détenir corporellement; il faut détenir de fait et
d'intention. L'occupant, pour arriver à la propriété
par la possession, devra donc posséder les objets
dont il s'empare avec une intention spéciale, celle
de les avoir comme siens, *pro suo* (2).

Le *fait* peut donner lieu à certaines difficultés.
On s'empare d'une chose, déclare Puffendorf (3),
lorsqu'on en prend possession. Mais comment s'o-
père cette prise de possession? Faut-il qu'elle ait
lieu *corpore*, et, suivant l'expression de Pothier,
est-il nécessaire qu'*on mette la main sur l'objet?*
ou bien suffit-il, comme on l'a dit, de voir la chose
et de vouloir la posséder? Ces deux extrêmes sont
l'un et l'autre inexacts.

Quoique l'occupation *corpore* semble bien la plus
parfaite, parce qu'elle réalise complétement la détention matérielle de l'objet dans les cas où elle
est possible, cependant il faut admettre qu'elle n'est
pas nécessaire, et qu'on peut être maître d'une
chose sans la tenir entre ses mains (4). Tel est le cas
où j'ai pris dans des filets une bête fauve : elle m'appartient bien, même avant d'être saisie directement
par moi. Il faut donc réduire les expressions trop
exclusives qui ont été employées : *Fit rei appre-
hensio cùm cepimus rem naturaliter, id est corpore
possidemus* (5), et les tempérer par cette loi du

(1) L. 1, Dig., *de adq. tel am. poss.*
(2) L. 3, § 21, *eod.*
(3) *Droit naturel et des gens,* liv. IV, ch. vi, § 8.
(4) Loi 3, § 13, Digeste, *loc. cit.*
(5) Doneau, *Com. de jur. cit.,* l. III, ch. vii, § 2.

Digeste : *Non est necesse corpore et actu prehen-
dere possessionem* (1). Il faut dire, en un mot, que
la chose m'appartient dès qu'elle est en mon pouvoir, et que je la possède quand par l'intention je la
veux, et que par le fait j'en suis maître : *ut si in
meam potestatem pervenit, meus factus est* (2).

Mais faut-il aller plus avant et admettre, avec la
loi romaine déjà citée, que la possession peut s'acquérir ici *oculis et affectu*, par la vue et la volonté?
que l'intention suffit avec la proximité de l'objet
pour suppléer à l'acte matériel de l'occupation ?
C'est alors que se pose l'espèce tranchée spirituel-
lement par les fabulistes entre les personnages de
l'Huître et les Plaideurs. Trachalion et Grippus,
dans le *Rudens* de Plaute (3), ont trouvé une valise :

GRIPPUS. — Elle est à moi, je l'ai tirée de l'eau.
TRACH. — Mais c'est moi qui l'ai vue du rivage!

Et le Plaideur de La Fontaine ajoute :

Et moi je l'ai sentie (4).

Si l'affirmative était admise, la solution serait
facile : chacun des contestants aurait part dans la
trouvaille en qualité d'inventeur, l'un pour avoir
vu l'objet *oculis et affectu*, l'autre pour l'avoir
recueilli *corpore* : c'est ce qui paraît avoir été admis
dans l'antiquité (5), si l'on s'en rapporte à la fable

(1) L. 1, § 21, Dig., de adquir. posses.
(2) L. 55, Dig., de adquir. rerum dominio.
(3) Plaute, in Rudente, acte IV, sc. 3.
(4) La Fontaine, IX, 9.
(5) Noodt, Probab., lib. II, vi, n°° 1 et 2, cité par Voetius,
l. XLI, 1, 2.

de Phèdre, V, v. 6. Deux chauves trouvent un peigne : auquel des deux appartiendra-t-il ? *J'en retiens part*, dit celui qui l'a aperçu à l'autre qui le ramasse : ce qui prouverait qu'il avait droit à une partie de la trouvaille (1).

Mais ce raisonnement, qui va par analogie de la possession à l'occupation, ne doit pas être admis en cette matière,

Aut si
Scire ubi sit, reperire vocas (2).

La possession s'acquiert bien dans certains cas *oculis et affectu*, mais c'est quand il y a tradition, et lorsqu'une possession feinte et purement civile peut remplacer le fait réel. La tradition exige un accord de volontés entre le *tradens* et l'*accipiens* ; dès lors, que celui-ci reçoive matériellement ou par simulacre, peu importe. Quand, au contraire, il y a occupation, le simulacre n'est plus rien, il faut la détention physique. C'est un droit naturel qui en résulte ; les feintes et les drames du droit civil ne le créeraient jamais.

Cette observation nous permet de raisonner dans une autre hypothèse : celle où l'occupation a lieu non par nous-même, mais par un instrument : ainsi de l'espèce indiquée plus haut, dans laquelle le chasseur prend le gibier à l'aide d'engins. Pourra-

---

(1)   Invenit calvus forte in trivio pectinem;
      Accessit alter æque defectus pilis.
      Eia, inquit, in commune quodcumque est lucri.

(2) Ovide, *Métamorphoses*, liv. V, v. 520.

t-il toujours se dire propriétaire quand il aura touché la chose avec un objet quelconque qui lui appartiendra? ou bien quelle sera la distinction à faire? Il faudra simplement distinguer si l'instrument dont nous nous servons met la chose réellement dans notre pouvoir, *custodiæ nostræ subjectam* (1), ou s'il ne sert qu'à une feinte prise de possession, qu'à un vain symbole. C'est ainsi que le plomb sorti de mon fusil qui tue un chevreuil, mon chien qui prend à la course une bête fauve, le piége que je tends pour m'emparer d'un loup, tous ces objets me procurent la possession réelle. Mais j'oppose à ces exemples l'anecdote rapportée par Plutarque (2), où il est dit que deux citoyens, l'un Andrien, l'autre Chalcidien, ayant été à la découverte, arrivèrent à la ville d'Acanthe, laquelle était déserte. Celui qui était Chalcidien prit la course pour arriver le premier dans la ville et en prendre possession au nom de sa nation; l'Andrien se contenta de lancer un javelot sur l'enceinte en s'écriant qu'il l'occupait le premier. Les arbitres choisis pour vider le procès décidèrent que l'occupation effective était seule capable de produire la propriété, et donnèrent raison aux Chalcidiens. Là, en effet, il y avait eu un fait symbolique d'occupation qui, selon ce qu'on a dit plus haut, ne peut produire la propriété.

8. — Le fait d'occupation a eu lieu, la main-mise existe: s'ensuit-il que la propriété soit acquise?

---

(1) L. 3, § 13, Dig., *de adquir. rel am. possess.*
(2) *Question. græc.*, XXX.

C'est le lieu d'insister maintenant sur la seconde condition, à savoir que la chose n'appartienne à personne, que nul n'ait un titre contraire à l'occupation.

Quatre hypothèses peuvent se présenter et vont indiquer la division de notre sujet :

1° La chose qui fait l'objet du droit est *res communis*, et ne peut, par sa nature, appartenir à personne, si ce n'est dans ses parties prises séparément. L'occupation sera alors sans difficulté : ce sera l'occupation simple, du droit naturel par excellence, celle de l'air, de l'eau, régie seulement par des lois de police ou des mesures fiscales dans lesquelles le droit civil n'aura rien à voir : *Quod enim nullius est, id ratione naturali occupanti conceditur* (1).

2° L'objet, quoique par sa nature susceptible de propriété privée, n'a pas de maître réel : c'est le cas du gibier, des pierres précieuses trouvées sur le rivage. Dans ces espèces, le droit civil n'interviendra que pour décider entre les contestants, mais n'aura, comme dans l'hypothèse précédente, à protéger les droits de personne, puisqu'on a affaire à un objet sans propriétaire.

3° L'objet a appartenu à une personne qui a abdiqué son droit de propriété volontairement par l'abandon de sa chose : elle n'a plus aucun droit sur cette chose. La seule difficulté consistera à prouver que l'abandon a bien été volontaire.

4° Le propriétaire de la chose est inconnu s'il

(1) L. 3, Dig., *de adquir. rer. don.*

existe encore, et, dans tous les cas, il y a doute sur son existence : cette situation constitue un titre au profit d'une personne incertaine, titre dont la force variera suivant le degré de présomption pour ou contre l'existence du propriétaire. Il y aura lutte entre l'occupant et l'individu inconnu qui a perdu la possession et qui peut avoir encore la propriété. C'est pourquoi le droit positif, tenant compte de ces degrés de probabilité, indique différentes solutions applicables à ces différents objets, qui sont les trésors et les épaves ; et ici la loi de l'occupation sera contrebalancée par la protection qui est due au propriétaire ignoré.

Il n'y a plus, après cela, qu'une cinquième classe de choses, celle des particuliers : *sunt enim res aut nullius aut alterius.* Celles-ci sont insusceptibles d'occupation, parce qu'elle constituerait alors une usurpation, suivant l'expression de Doneau : *aliquid detrahitur alteri.* Nous avons démontré pourquoi les principes naturels n'admettent pas l'occupation des choses qui ont déjà un maître, en formulant cette loi que l'occupation sans titre contre un juste titre est illégitime. Une législation ne pourrait donc la reconnaître qu'en reconnaissant aussi le vol. Cette considération est suffisante pour démontrer qu'en droit positif comme en droit naturel, les objets qui appartiennent à quelqu'un ne peuvent être acquis par occupation.

CHAPITRE II

DE L'OCCUPATION SUIVANT LE DROIT ROMAIN.

9. — Nul doute qu'à l'époque de la loi des Douze-Tables l'occupation des choses qui n'avaient pas de maître, ou des choses prises sur l'ennemi, était un moyen propre à faire acquérir la propriété romaine, la propriété quiritaire, ainsi appelée de *curis*, mot qui, au dire de Festus, servait de dénomination à la lance des Sabins. C'était du reste la lance, signe de la conquête, qui, pour les Romains des premiers âges, était le symbole de la propriété : de là l'habitude de vendre les esclaves *sub hasta* (1), sous la lance; de faire entrer dans la mise en scène des drames juridiques, des affranchissements, la baguette symbolique appelée *vindicta* (d'où le mot revendication, *vindicatio*), baguette qui représentait la lance, *festuca hastæ loco* (2), et rappelait aux contractants l'origine et le caractère sacrés de la propriété. Le texte même des Douze-Tables (3), en indiquant comme un moyen

_____

(1) *Sub hasta subire*, être vendu à l'encan (Plaute, Tite-Live).
(2) Gaius, IV, 16. — Cicéron, *de Officiis*, II, 8, 23. — Suétone, *César*, 50.
(3) VI⁰ table, § 1ᵉʳ.

de contracter et de former une loi entre les parties
le *mancipium*, dont nous avons rapporté plus haut
l'étymologie, consacre une coutume qui devait
exister depuis longtemps, et dont la raison d'être
se tirait de l'occupation, considérée comme fondement des droits réels.

Les commentaires des Instituts de Gaïus (1), à
une époque où il existait en quelque sorte deux
espèces de propriété, celle du droit civil ou quiritaire, et celle du droit des gens ou possession *in
bonis*, placent l'occupation comme un mode ori-
ginaire d'acquérir non-seulement le domaine naturel, mais encore le domaine romain sur toutes
choses *mancipi* ou *nec mancipi*, tandis que la tradition appliquée aux *res mancipi* les mettait simplement *in bonis* (2); de sorte que l'on pouvait acquérir par ce moyen la propriété des esclaves, des
fonds de terre, des bêtes de somme, qui ne pouvaient jamais êtres cédés par tradition avec la même
plénitude de droits.

Sous Justinien, disparaît cette distinction. On ne
reconnaît plus qu'une propriété, mais c'est un
droit ordinaire, dépouillé de toute son énergie primitive, tel que le temps et les mœurs l'ont fait,
« car, dit l'empereur (3) dans sa constitution, le
» domaine *ex jure quiritium* ne diffère en rien
» d'une énigme. Vainement on cherche ce domaine,
» jamais dans les affaires on ne le trouve : ce n'est

(1) Gaïus, II, 66.
(2) Id., II, 41.
(3) Loi unique, Code, *de nudo jure quiritium tollendo*.

» qu'un vain mot. » Aussi, désormais, chacun est propriétaire en entier des objets qui lui sont acquis.

Or quels sont les moyens d'acquérir sous Justinien? Au premier rang, il met les moyens naturels, qui ont dû précéder les moyens civils, et en tête de ceux-là se place l'occupation, qui est le plus ancien et le fondement de tout domaine, car c'est de la prise de possession qu'est née la propriété : *Dominium ex naturali possessione cœpisse Nerva filius ait* (1).

Lors donc que les circonstances constitutives de l'occupation se seront produites, on deviendra propriétaire. Si quelqu'un s'emparait de l'animal que j'ai tué, de l'oiseau que j'ai apprivoisé, des pierres précieuses que j'ai trouvées, il commettrait un vol : j'aurais contre lui l'*actio furti*, et le droit de me faire rendre ma chose (2).

Mais cette propriété, fille de la possession, naît et s'éteint avec la possession elle-même. Si l'oiseau apprivoisé par moi perd l'esprit de retour et revendique sa liberté native (3); si les abeilles désertent la ruche, si les coquilles que j'ai trouvées retombent dans la mer et m'échappent, le lien réel ou fictif qui retenait ces objets en mon pouvoir n'existe plus : ils cessent de m'appartenir. Il faut toutefois pour cela que la chose soit rentrée dans son état naturel. Ainsi le prisonnier que j'ai fait à la guerre, et

---

(1) L. 1, Dig., *de adquir. rel amill. possess.*
(2) L. 3, § 1, Dig., *familiæ erciscundæ.* — 37, eod., *de furtis.*
(3) L. 11, *de adquir. rer. dom.*

qui parvient à s'échapper, n'aura cessé d'être à moi que lorsqu'il sera revenu parmi les siens. De même, si les pierreries que j'ai ramassées tombent sans que je m'en aperçoive sur le chemin que j'ai suivi; si le cerf que j'ai dans mon parc passe dans l'enclos de mon voisin, je n'aurai pas perdu ma propriété : il faut que les perles soient retombées dans la mer, ou que la bête fauve ait reconquis sa liberté, *in suam naturalem laxitatem redierint* (1).

10. — Tout cela établi, il reste à entrer dans l'examen des choses que le droit romain déclare susceptibles d'occupation.

Il y a deux classes de choses qui n'appartiennent à personne. Les unes, proprement dites *res nullius*, sont de droit divin et sont *sanctæ, religiosæ, sacræ,* trois catégories différentes dont on n'a pas à traiter ici, ces choses étant essentiellement insusceptibles d'appropriation (2).

Les autres, connues sous le nom de *res communes,* communes, relèvent entièrement du droit humain, et peuvent s'acquérir par occupation. D'autres, enfin, n'étant pas proprement *res nullius,* sont considérées comme telles par le droit civil : tels sont les biens pris sur l'ennemi.

Or ces *res* se divisent en trois espèces, sous des rubriques conformes aux expressions usitées chez les jurisconsultes. L'occupation peut en effet s'appliquer à des êtres animés, *bestiæ, volucres, pisces, servi;* soit à des objets bruts, *gemmæ,*

---

(1) L. 11, *de adquir. rer. dom.*
(2) L. 83, § 5, *de verborum obligationibus.*

aqua profluens. Dans le premier cas, elle prend le nom de *piscatio et venatio*, pêche et chasse, quand il s'agit d'animaux sauvages ; les prisonniers faits à la guerre et le butin qui en est l'accessoire sont désignés par l'expression *præda bellica* ; l'occupation des choses inanimées est appelée *inventio*, invention, quand elle s'applique aux meubles ; *occupatio* proprement dite, quand des immeubles en font l'objet.

I. — DE L'OCCUPATION DES ÊTRES ANIMÉS : CHASSE ; GUERRE.

§ 1er. — *Venatio et piscatio.*

11. — Les bêtes fauves, les oiseaux et les poissons, ou plus généralement tout ce qui vit en l'air, sur la terre et dans l'eau, appartiennent, d'après le droit des gens, au premier occupant dès qu'il en a pris possession : *Quod enim antea nullius est, id naturali ratione occupanti conceditur.* Et peu importe, à cet égard, qu'on ait pris les animaux sur son fonds ou sur le fonds d'autrui. *Non enim eo minus nullius est, quia certo in loco constiterit* (1). Le chasseur qui pénètre dans mon domaine sans ma permission viole sans doute mon droit de propriétaire, et peut être tenu envers moi d'une action d'*injures* (2) ; mais il n'en a pas moins la

(1) Doneau, *Com. de jur. civ.*, IV, VIII, § 2.
(2) L. 13, § 7, Dig., *de injuriis.*

propriété du gibier qu'il a pris ou tué. Le contraire a été soutenu par Cujas (1), mais à tort assurément, car jamais on n'a prétendu que le propriétaire du terrain est maître, par cela même, de tout le gibier qui y sera tué sans permission par les chasseurs étrangers.

Ainsi, la prise de propriété a lieu en quelque part que ce soit ; elle a lieu aussi sur quelque gibier que ce soit, pourvu qu'il s'agisse d'animaux sauvages. Telle est, entre autres, la nature des abeilles. Celles qui seront fixées sur votre arbre, tant que vous ne les avez pas enfermées dans une ruche, ne sont pas plus à vous que les oiseaux qui ont construit leur nid sur cet arbre ; si un autre s'en empare, il en devient propriétaire (2). De même en est-il des rayons de miel qu'elles auront pu y produire, et que le premier venu peut emporter. Mais par le même motif que nous indiquions tout à l'heure, si, avant que les abeilles aient été prises, vous apercevez quelqu'un entrant sur votre propriété, vous pouvez lui en interdire l'accès.

De la nature des abeilles sont aussi les paons et les pigeons (3), et peu importe qu'ils aient dans leur vol l'habitude d'aller et de revenir ; les abeilles en font autant, et certainement elles sont sauvages.

Il faut en dire autant des cerfs (4) : quoiqu'on

(1) Cujas, *Observations*, IV, 2.
(2) L. 26, pr., Dig., *de furtis*.
(3) L. 5, § 5, *de acquir. rer. dom.*
(4) Institutes, *de rer. div.*, 15.

puisse les apprivoiser, personne ne doute qu'ils ne soient naturellement sauvages.

Les poules, les oies (1) et les oiseaux domestiques sont au contraire la chose du propriétaire. Si donc de tels animaux, effrayés par quelque accident *(expavefacta)* s'échappent, ou si l'on s'en empare, bien qu'ils ne soient plus sous les yeux du maître, quelque part qu'ils se trouvent ils lui appartiennent, et celui qui les retient pour se les approprier commet une fraude. C'est ce qui arriverait aussi pour le cas où un étranger s'emparerait d'une bête sauvage qui serait en ma possession, soit parce que je l'aurais tuée, soit parce que je l'aurais prise dans mes filets (2).

12. — Mais comment et à quel moment mon droit de propriété commence-t-il sur la chose *nullius* dont je m'empare ?

En principe, c'est lorsque j'en ai la possession réelle, quand j'ai tué l'animal ou quand je l'ai entre mes mains ou dans ma cage (3), ou lorsque je l'ai blessé *ita ut capi possit*. En suis-je également propriétaire quand je le poursuis, pourvu qu'il soit en vue, et ce fait constitue-t-il la *custodia* ou possession fictive? Trébatius (4) a soutenu l'affirmative; seulement il ajoutait que ma propriété cesse et que l'animal peut appartenir à une autre personne si j'en abandonne la poursuite. La plupart des juris-

(1) L. 5, § 6, *eod.*
(2) L. 5, § 1, *eod.*
(3) L. 3, § 14, *de adquir. vel amitt. poss.*
(4) Inst., *de div. rer.*, 12.

consultes (1), au contraire, prétendent que pour devenir maître de la chose il faut que j'aie mis la main dessus, qu'il n'y ait plus besoin de la poursuivre. Le résultat change beaucoup suivant qu'on adopte l'un ou l'autre de ces deux avis ; car si je suis propriétaire de l'animal que j'ai blessé, celui qui le tue et s'en empare à mon détriment est coupable de vol, tandis que dans l'autre opinion il ne ferait qu'exercer son droit.

Justinien, considérant que bien des événements peuvent arriver qui contrarient le chasseur en poursuite de son gibier, et qu'entre le lancé et l'hallali il y a place pour plus d'une possession, décide que la dernière opinion est la plus rationnelle (2).

Cette mise en possession peut dériver d'un phénomène nous dirions presque moral, et constituer une dépendance tout intellectuelle de la chose vis-à-vis de la personne : c'est ce qui résulte de la domestication ou de l'apprivoisement des bêtes sauvages (3).

S'il est vrai que l'animal apprivoisé n'est pas, à proprement parler, dans la dépendance de son maître, surtout quand celui-ci le laisse en liberté, il est cependant sous sa main par l'effet de la servitude, de la crainte et de l'habitude, ce que les jurisconsultes appellent *animus* ; de telle sorte que

(1) Gaius, *Rer. cott. sir. aur.*, § 2. — L. 5, § 1, Dig., *de adq. rer. dom.*
(2) Instit., *de rer. div.*, 13.
(3) L. 37, Dig., *de furtis*; l. 3, §§ 15 et 16, *de adq. rel am. poss.*

cette détention fictive, agissant comme la possession matérielle dont il a été question, enlève à
l'animal l'esprit de liberté qui en faisait une *res
nullius*, en fait un objet privé (d'où vient, au reste,
le mot *apprivoiser*), et le place dans le domaine
d'un seul, comme par le fait d'une volonté qui lui
serait propre ; et cela est si vrai, que la bête privée
deviendra bête sauvage du moment où elle aura
perdu l'esprit de retour : *Revertendi autem animum
videntur desinere habere cum revertendi consue-
tudinem deseruerunt* (1).

C'est du reste l'application des principes exposés
déjà. Les animaux que vous avez pris sont à vous
tant qu'ils restent sous votre garde ; s'ils ont pu
s'y soustraire, ils reprennent leur liberté naturelle,
cessent de vous appartenir et deviennent la propriété du premier occupant.

L'animal ou l'essaim d'abeilles (2) est censé vous
appartenir tant qu'il est en vue et que la poursuite
n'en est pas difficile (3) ; autrement il est censé
avoir repris sa liberté.

Remarquons, au surplus, qu'il s'agit là d'un fait
et non d'une fiction, et que peu importe la cause
pour laquelle l'animal aura recouvré sa première
nature, que cette cause soit licite ou délictueuse.
L'animal s'est-il échappé ? la question est toute là.
Aussi est-il facile d'expliquer la solution donnée

(1) Inst., *de dir. rer.*, 15.
(2) Quintilien, *Déclamations*, XIII.
(3) L. 5, § 1, *de adquir. rer. dom.*

par Proculus à une espèce posée par lui (1). Le jurisconsulte suppose que vous avez tendu un piége dans lequel un sanglier s'est fait prendre; j'arrive et je remets votre sanglier en liberté : vous l'ai-je volé? en avez-vous conservé la propriété tout au moins *animo*? quelle action avez-vous contre moi ? Pour que je vous l'eusse volé, il faudrait deux conditions : premièrement, qu'il vous eût appartenu, ce qui n'est pas douteux ; deuxièmement, que je l'eusse dérobé, ce qui n'est pas. Vous n'en avez pas conservé la propriété, puisque je vous ai fait perdre la possession, condition essentielle: vous ne pouvez donc ni revendiquer le sanglier, ni me poursuivre par l'action *furti*. Vous aurez alors contre moi une simple action *in factum* (2) qui vous permettra d'obtenir des dommages-intérêts.

§ 2. — *Bellum.*

13. — Ce genre d'acquisition de la propriété s'applique surtout aux prisonniers de guerre, et est fondé sur un raisonnement qui semble rigoureux, mais qui, au fond, n'est qu'un sophisme épouvantable. Le guerrier peut tuer son ennemi, disent les jurisconsultes ; or, s'il peut le priver de la vie, il peut, à plus forte raison, le dépouiller de la liberté : donc le soldat a le droit, en guerre, de s'emparer de son adversaire et de le vendre comme esclave. Le raisonnement

(1) Lib. II *Epistolarum.*
(2) L. 55, Dig., *de adq. rer. dom.*

est faux en ce que, si l'on a le droit de tuer par légitime défense, on ne l'a plus quand le danger est passé et qu'on est maître de son prisonnier. Quoi qu'il en soit, c'est la théorie romaine et celle des peuples antiques, plus attachés aux instincts de conquête et de force qu'aux notions du droit (1).

Il est donc admis qu'on devient maître par occupation des prisonniers qu'on fait à la guerre : *Ita ea quæ ex hostibus capimus, jure gentium statim nostra fiunt; adeo quidem ut et liberi homines in servitutem deducantur* (2). C'est là un véritable cas d'occupation. Les hommes libres sont *nullius*, ou plutôt sont *sui juris*; au lieu de continuer à être libres, ingénus ou affranchis, ils deviennent la propriété de leur vainqueur : de personnes ils sont faits choses. S'agit-il d'esclaves, ils changent de maître. C'est même un des modes d'acquisition que les Romains mettent en première ligne : *maxime enim sua esse credebant quæ ex hostibus cepissent* (3), parce qu'il est non-seulement la prise de possession d'une chose *nullius*, mais surtout une récompense accordée au courage, *pretium virtutis*. Et de même que ce mode d'occupation avait créé à Rome la propriété, il avait aussi créé l'esclavage : de là vient qu'on désignait les esclaves par le mot *mancipia*, par allusion à la manière dont ils perdent la liberté, *eo quod ab hostibus manu capiuntur*; et aussi par le mot *servi*, *servati*, conservés (4), de ce

(1) Conf. Thucydide, l. III, ch. LXVIII.
(2) Instit., *de rer. div.*, 17.
(3) Gaius, *Com.*, IV, 16.
(4) Saint Augustin, *Cité de Dieu*, l. XIX, c. XV.

qu'ils étaient esclaves par clémence du vainqueur, qui, pouvant leur ôter la vie, suivant son droit, se contentait de leur ôter la liberté : *per hoc servare nec occidere solent* (1).

Mais pour que le soldat devienne esclave, il faut qu'il soit pris à la guerre (2), c'est-à-dire dans une lutte entre nations reconnue par le droit des gens ; ou, s'il n'y a pas guerre, dans le cas indiqué par Pomponius : *Si cum gente aliqua neque amicitiam, neque hospitium, neque fœdus amicitiæ causa factum habemus, hi hostes quidem non sunt; quod autem ex nostro ad eos pervenit, illorum fit, et liber homo noster ab eis captus servus fit et eorum. Idemque est si ab illis ad nos aliquid perveniat* (3). Ceux que les brigands ou les pirates enlèvent pour vendre chez les nations étrangères ne deviennent pas esclaves; ils sont seulement dans un état de fait qui a les apparences de la servitude : *in servitute* (4). Il en est de même des prisonniers que peuvent faire les divers partis dans une guerre civile : ils ne perdent que l'exercice de leurs droits (5). Reprennent-ils leur liberté, ils sont considérés comme n'en ayant jamais été privés, et restent dans la classe des *ingenui*, sans qu'il y ait besoin pour elle d'aucune fiction.

14. — La fiction est nécessaire, en revanche,

(1) L. 4, Dig., *d. statu hominum.*
(2) L. 118, Dig., *de verb. signif.* ; l. 24, *de captivis et postl.*
(3) L. 5, § 3, *de capt. et postl.*
(4) L. 24, *eod. tit.*
(5) L. 21, *eod.* — *Conf.* Tacite, liv. II, 44, § 1.

quand le prisonnier de guerre revient à la liberté,
pour qu'il soit censé n'avoir jamais été esclave.

Il est admis, en effet, que le citoyen romain qui
se laisse prendre par l'ennemi perd sa personne,
sa liberté et tous ses droits : *Qui ab hostibus captus
est, quasi servus testamentum facere non potest* (1).
Il est *capite minutus*, diminué dans son état civil;
il perd la puissance paternelle (2), la faction de
testament (3); tout acte de ce genre fait par lui en
état de captivité est nul, et cela quand même le
captif s'échapperait et regagnerait sa patrie : aucune
fiction ne peut donner des droits à un esclave, ni
surtout donner rétroactivement l'exercice d'un
droit, puisque l'exercice dépend toujours d'une
question de fait que les symboles ne peuvent ni
créer ni détruire.

La théorie qu'on applique ici est connue dans le
droit romain sous le nom de *postliminium* [de *post*
et *limen* (4), frontières, d'après Scævola, malgré
l'autorité de Ménage, qui conteste ce sens attribué
au mot *postliminium* (5)], efface en cas de retour
la captivité, et fait considérer le prisonnier comme
n'ayant jamais quitté le territoire, pourvu cependant qu'il ne revienne pas, comme Régulus, avec
l'intention de retourner ensuite chez l'ennemi (6).

De la sorte, le testament fait par le citoyen avant

(1) Paul, III, *Sententia*, IV, § 8.
(2) Instit., *quib. mod. jus potest sole.*, § 5.
(3) Instit., *quib. mod. testam. infirm.*, 1.
(4) Instit., *quib. mod. jus pot. sole.*, § 5.
(5) *Amœnitates juris civilis*, v° *Postliminium*,
(6) L. 5, § 3, *de capt. et postl.*

cet exil forcé reste valable; s'il revient, il est censé
n'avoir jamais été captif. Vient-il à mourir chez
l'ennemi, une loi *Cornelia* le considère comme
décédé à l'instant même de sa captivité, par conséquent dans l'intégrité de ses droits (1). Pourquoi
donc le testament fait pendant la captivité reste-t-il
nul, malgré cette fiction ? parce que le *jus prosli-*
minii nous rend la position juridique que nous
avions au moment où nous avons été pris par l'ennemi, sans que cette position ait pu se modifier en
rien par notre autorité propre, par des actes que
nous aurions personnellement accomplis dans l'intervalle. En un mot, la confection d'un testament
est un fait; or le *postliminii jus* n'a pas de prise
sur les faits; il ne peut que changer le droit : c'est
ce qu'il fait en replaçant le prisonnier de retour
dans l'état où il était avant son esclavage; or, dans
cette hypothèse, le prisonnier dont le testament a
été fait chez l'ennemi n'a pas de testament (2).

— C'est le même droit de *postliminium* qui efface
entièrement notre propriété sur les bêtes sauvages
que nous avons prises, mais qui ont depuis recouvré leur liberté.

— Il s'applique, du reste, non-seulement aux
êtres animés, mais encore aux objets qui pourraient
avoir été pris par l'ennemi, et qui retourneraient
entre les mains des soldats dépouillés (3); seulement on distingue suivant la nature des choses

(1) L. 22, § 1, *de capt. et postl.*
(2) Ortolan, *Instit. expliq.*, t. II.
(3) L. 19, Dig., *de capt. et postl.*

prises, et l'on ne peut pas réclamer les objets dont
la capture entraîne une sorte de honte ou de présomption de lâcheté : par exemple les vêtements
dont on était couvert, ou les armes qu'on a perdues
dans la bataille (1), *quippe nec sine flagitio, sed
turpiter amittuntur* (2).

On peut se demander à quoi sert cette fiction du
postliminium en ce qui concerne les prises de
guerre reconquises sur l'ennemi. A quoi bon, en
effet, une fiction, puisque le fait de la reprise existe?
On a recouvré ce qu'on avait perdu: que servira-t-il
d'être censé ne l'avoir jamais perdu? Le *jus postliminii* est utile quand l'objet pris sur Primus sera
reconquis par Secundus : celui-ci n'en deviendra
pas propriétaire. Il est encore utile pour les choses
qui, au lieu de devenir la proie de l'occupant, appartiennent à l'État ou à tout un corps d'armée. Le
postliminium permet à l'ancien propriétaire de revendiquer ce que l'ennemi lui avait enlevé : *Verum
est dominia nec aut publicari, aut prædæ loco
cedere* (3).

15. — Toutes choses, en effet, ne sont pas su-
jettes à l'occupation au profit de l'individu.

La première distinction à faire en pareille matière consiste à séparer les immeubles des effets
mobiliers : ceux-là ne sont jamais susceptibles d'être
acquis par les soldats. Pomponius dit à ce sujet que

(1) L. 2, § 2 et l. 3, *de capt. et postl.*
(2) L. 3, § 13, *de re militari.*
(3) L. 20, § 1, *de capt. et postl.*

le champ pris sur l'ennemi devient public : *publicatur ager qui ex hostibus captus sit* (1).

L'*ager publicus* est la propriété territoriale de l'État ; il s'étend avec les armes de la nation romaine. L'expropriation du territoire des nations vaincues est la loi de la guerre, et si elle a lieu au profit du peuple romain et non des soldats en particulier, c'est qu'ici l'occupation est collective, et la conquête immobilière ne peut être faite que par l'armée entière ou une partie de l'armée, qui représente la nation elle-même.

C'est ce qui explique le droit, pour la République, de distribuer, d'employer, de gérer l'*ager publicus*, soit que le territoire conquis soit vendu à l'encan ou qu'il soit assigné par lots à la plèbe, et plus tard exclusivement aux soldats, aux vétérans pour former les colonies : *possessiones, ex præcepto principali, partim distractas, partim veteranis in præmia adsignatas* (2). Quelquefois même il en était laissé une partie au vainqueur ; souvent ils étaient loués au profit de l'État (3), et, dans ce dernier cas, ils produisaient pour le Trésor un revenu nommé *vectigal*.

Le territoire conquis pouvait donc devenir par ces moyens *ager privatus*, la terre distribuée tombant parfois dans la propriété de l'acquéreur, et le champ prenait alors le nom de *quæstorius* quand

(1) L. 20, §1, *de capt. et postl.* — Ἀγασαίᾳ ἐῖσαι (Denys d'Halicarnasse, l. VI).
(2) L. 11, Dig., *de evictionibus et duplæ stip.*
(3) L. 1, Dig., *si ager vectigalis petatur.*

il était vendu à l'encan ; *adsignatus*, quand il était acquis par suite d'une distribution ; *occupatorius*, si l'État le laissait ouvert à qui voudrait, parmi les citoyens, l'occuper, le défricher, le cultiver moyennant une redevance ou gratuitement (1), auquel cas il était acquis au premier occupant ; *vectigalis*, s'il se trouvait donné à ferme ou à emphytéose (2), ou même abandonné en possession indéfinie moyennant une redevance quelconque. L'histoire romaine fournit encore des exemples de familles patriciennes qui s'en attribuaient des parties considérables et en conservaient la jouissance sans jamais payer aucun droit : ce qui amena plus d'une fois les dissensions bien connues sur le partage de l'*ager publicus* et les propositions des lois agraires, signal de tant de révolutions (3).

Lorsque le territoire conquis restait *ager publicus*, c'est-à-dire dans tous les cas où il était laissé à de simples tenanciers, le peuple romain conservait sur lui le domaine éminent qui empêchait le détenteur d'en disposer par les moyens civils ; mais le droit prétorien avait obvié à cette difficulté par la théorie du domaine *utile* et par l'institution d'*interdits*, et plus tard d'édits destinés à protéger cette quasi-propriété.

(1) D'après un texte formel d'Appien (*Guerres civiles*, l. I, ch. vii), les terres cultivées étaient vendues ou assignées en toute propriété ; les terres non cultivées étaient laissées moyennant la dîme des fruits, et la double dîme ou cinquième ; enfin les pâturages étaient conservés par l'État, qui en permettait la jouissance, en retour d'une redevance (*scriptura*), par chaque tête de bétail.

(2) Dig., *si ager vectigalis*.

(3) Tite-Live, III, 1.

Ce fut même là l'origine de la *possessio* et des actions possessoires. La possession de l'*ager publicus* attribuée à des citoyens, l'une des institutions les plus importantes et les plus fréquentes du droit romain, ne se trouve nulle part déterminée par une forme légale. Il devait cependant y avoir un moyen juridique de protéger le détenteur en dehors des actions de droit strict qui lui étaient enlevées. C'est cette situation qui a donné naissance à la possession *ad interdicta* (1). Ne pouvant appeler le tenancier *propriétaire*, on l'appelait *possesseur*, ainsi qu'il résulte de plusieurs textes très-autorisés : *Eodem anno Caius Licinius Stolo est damnatus quod mille jugerum agri cum filio possideret, emancipando-que filium fraudem legi fecisset* (2). Orosius cite même un cas spécial : *Loca publica quæ in circuitu Capitolii pontificibus in possessionibus tradita erunt, cogente inopia, vendita sunt ;* ce qui les transformait en *ager privatus* (3). Et cette possession finit par produire les mêmes effets que la véritable propriété (4).

Cette appropriation des terres conquises au profit de l'État a laissé une trace profonde dans les dispositions du droit civil qui ont trait au territoire des provinces, lesquelles sont toutes le fruit de l'oc-

---

(1) Niebuhr, *Hist. romaine*, t. II, p. 161.
(2) Pline, *Histoire natur.*, XVIII, 3. — Valère-Maxime, VIII, 6, 3.
(3) Orosius, v. 18.
(4) De Savigny, *de la Possession*, sect. 1, § 12, a. — L'éminent juriste explique par cette origine pourquoi les interdits *recuperandæ possessionis* ne pouvaient avoir lieu que sur les biens-fonds : *interdictum unde vi ad res mobiles non pertinet* (L. 1, § 6 ig., *de vi et vi armata*).

cupation militaire : *provin··· appellabantur*, note Festus (1), *quod populus romanus eas provicit, id est ante vicit.*

Le sol en province, à moins d'une concession privilégiée du *jus italicum*, comme celle qui était faite aux villes de Béryte, Héliopolis, etc. (2), est, en principe, *ager publicus*, propriété du peuple romain, même lorsque en fait il est laissé à la disposition des personnes privées; aussi, pour la sauvegarde de ce principe, les détenteurs particuliers, en droit rigoureux, ne sont pas propriétaires : ils sont censés n'avoir en quelque sorte que la possession et la jouissance, moyennant l'impôt que paye la terre : *nos autem possessionem tantum et usumfructum habere videmur* (3). C'est pourquoi les terres en province s'appellent des possessions, et non des propriétés. Le seul propriétaire, c'est le peuple romain : de sorte que le *dominium* du droit quiritaire, ni les applications du droit civil qui en découlent, ne peuvent avoir lieu sur le sol provincial.

De là la nécessité d'employer le pacte et la stipulation pour y créer les servitudes, *pactis et stipulationibus* (4), jusqu'à l'époque où la différence entre le sol italique et le sol provincial fut tombée en désuétude.

De là encore cette distinction établie par Gaïus (5)

---

(1) Festus, v° *Provinciæ.* — *Conf.* Isidore, *Orig.*
(2) L. 1, Dig., *de censibus.*
(3) Gaïus, *Com.* II, § 7.
(4) Gaïus, *eod.*, § 31.
(5) Gaïus, *loc. cit.*

relativement aux lieux qui ne pouvaient, suivant quelques jurisconsultes, devenir religieux dans les provinces, parce que le sol y appartenait soit au peuple, soit à l'empereur : *quia in eo solo dominium populi romani est, vel Cæsaris.* L'endroit est cependant considéré comme religieux, parce que, si la consécration n'est pas faite par l'autorité du peuple romain, elle est cependant censée avoir lieu : *quanquam proprie sacrum non est, tamen pro sacro habetur.*

Ces différences toutefois disparurent lorsque le *strictum jus* finit par tomber devant le droit prétorien et que la propriété se confondit avec la possession bonitaire (1). Une seule distinction, la plus grave, signala longtemps l'infériorité des provinces : ce fut l'impôt : *In provinciis omnes etiam privati agri tribula ac vectigalia persolvunt* (2). C'était la conséquence du domaine éminent de l'État, et le *vectigal* n'était que le loyer payé par de véritables fermiers à leur bailleur, le peuple ou le prince (3), dans la personne des publicains, fermiers de l'impôt, *qui publico fruuntur* (4).

16. — Les effets mobiliers, de leur côté, sont-ils

(1) L. un., Code, *de nud. jur. quir. toll.*
(2) Aggenus Urbicus.
(3) Cette espèce de privilége de l'État sur les biens de la conquête, et les prélèvements, *tribula*, qu'il y exerçait, ont été l'origine probable des *droits de justice féodaux* et de toutes les conséquences du domaine éminent dont il sera parlé *infra* (V. Code Théodosien, l. 15, 12, t. I. — Domat, *Lois civiles*, liv. prél., t. III, s. II, § 1, *note*).
(4) L. 1, § 1, Dig., *de public. et vectig.*

toujours la propriété du premier occupant pris personnellement?

Il semble qu'ils le soient toujours , si l'on s'en
rapporte aux textes généraux : *Ea quæ ex hostibus
capiuntur, nostra fiunt* (1); *occupantium, non rei
publicæ fiunt* (2); *ejus fiunt qui primus eorum possessionem nactus est* (3). Mais d'autres dispositions
éparses dans les fragments du Digeste et dans les
auteurs nous empêchent de formuler une règle
aussi absolue. Un rescrit de Commode, en effet,
attribue en entier à l'État les biens des otages
comme des captifs : *omnimodo in fiscum esse co-
genda* (4). Une autre loi présente comme coupable
de vol sur les biens publics celui qui dérobe le
butin : *Is qui prædam ab hostibus captam subri-
puit, lege peculatus tenetur* (5); et Polybe raconte
que les soldats envoyés pour le pillage devaient
rapporter au camp tout ce qu'ils auraient trouvé (6).

Doit-on conclure de ces textes que l'occupation
n'avait pas lieu en principe au profit de l'occupant?
Non, évidemment. Dans l'origine, les objets mobiliers devaient appartenir en entier aux militaires
qui s'en emparaient (7); mais, dans la suite, une distinction très-logique s'établit entre ce qui était le
résultat d'une occupation individuelle et le butin

(1) Gaius, *Com.* II, § 69.
(2) L. 51, Dig., *de adquir. rer. dom.*
(3) L. 1, § 1, *de adq. vel am. poss.*
(4) L. 31, *de re militari.*
(5) L. 13, *ad legem Juliam peculatus.*
(6) *Histoire*, liv. X, ch. XVI.
(7) Tite-Live, I, XXVI.

fait en commun par l'armée ou une partie de l'armée. Dans ce dernier cas, le butin était assimilé au territoire, puisqu'il y avait prise de possession collective au nom d'une personne morale. Le texte de l'historien Polybe nous montre le général commandant chaque jour dans le camp, *in dies aut vigilias*, une partie de l'armée, la moitié au plus, pour aller au pillage, et faisant jurer aux soldats de ne rien détourner de la proie. Les prises étaient ensuite soumises aux *quæstores* attachés à l'armée, qui décidaient quels seraient les objets conservés comme propriété de l'État, dont les soldats se trouvaient être les délégués, et quels seraient ceux que l'on partagerait entre les légions. C'est ainsi que Scipion, après le pillage de Carthage, fit distribuer aux soldats le butin, à l'exception des deniers publics et des prisonniers qu'il garda comme propriété du peuple romain (1).

II. — DE L'OCCUPATION DES ÊTRES INANIMÉS : INVENTION.

§ 1er. — *Occupatio et inventio.* — *Res nullius.*

L'occupation comprend elle-même trois espèces différentes : *res nullius*, choses qui n'appartiennent à personne ; *thesauri*, trésors ; *res pro derelicto habitæ*, objets abandonnés par leur maître. Les deux

---

(1) Appien, *de Rebus punicis*, l. VIII, 133.

dernières classes sont réunies par Doneau dans une même catégorie, sous le titre de choses qui ont perdu leur propriétaire, *res quæ amiserunt dominum*, soit par hasard ou malgré lui, *casu aut invitum*, comme le trésor; soit avec sa volonté, *volentem*, comme les objets abandonnés (1).

Les *res nullius* sont de trois sortes : ou elles sont communes à tous, et appelées pour cela *res communes*; ou elles sont *nullius* proprement dites, soit qu'elles existent à cet état dans la nature, soit que, travaillées par l'homme, elles forment un objet nouveau, *res facta ex aliena materia*, qui appartient au premier occupant.

17. — Suivant le droit naturel, sont *communs* à tous l'air, l'eau courante, la mer (2) et, par suite, ses rivages (3), c'est-à-dire la partie du territoire continentale susceptible d'être couverte par la plus haute marée d'hiver : *quatenus hibernus fluctus maximus excurrit* (4). Chacun peut en user, ou même en extraire et s'en approprier les éléments. C'est la nature de ces choses qui les range dans cette classe : ainsi il est matériellement impossible à tous d'être propriétaires de la mer, de l'air, du soleil ou des étoiles; mais chacun jouit des avantages qu'ils procurent; chacun peut même s'approprier l'eau qu'il puise, la quantité d'air qu'il

(1) *Com. de jur. civ.*, t. II, p. 331.
(2) Inst., *de rer. div.*, 1. — L. 13, 6n. Dig., *de injuriis*.
(3) L. 2, § 1, Dig., *de div. rer.*
(4) Cette définition, attribuée à Cicéron, qui lui-même renvoie à Aquilius (*Topiques*, I), ne peut s'appliquer qu'à la Méditerranée.

respire, et acquiert réellement la propriété de ces parties lorsqu'elles en sont susceptibles.

Mais l'appropriation de ces objets ne peut avoir lieu au détriment de l'usage public : *hactenus nullius sunt quatenus in his occupatur quid sine incommodo usus publici* (1). On peut puiser de l'eau dans le fleuve, construire dans la mer et sur le rivage; et la maison qui s'y trouve bâtie est la propriété de celui qui l'a construite, mais seulement en tant que tout cela ne nuit pas à l'usage commun. C'est ainsi qu'il faut s'abstenir de toucher aux villas, aux monuments, aux édifices qui ont pu être construits sur le rivage (2), car ces objets ne sont pas, comme la mer, du droit des gens et choses communes : ils sont devenus la propriété du premier occupant, c'est-à-dire du constructeur.

La question qui s'élève sur cette matière est celle de savoir s'il est nécessaire, pour bâtir sur le rivage, d'obtenir la permission du prince ou du magistrat.

L'affirmative semblerait résulter de plusieurs lois du Digeste qui décident que, pour établir quelque ouvrage dans un lieu public, il faut y être autorisé par le prince (3) ou par le magistrat (4). Or les rivages sont bien un lieu public, puisque l'usage en est commun à tous. Mais cette solution n'est pas logique à l'égard de celui qui construit sans incom-

---

(1) Doneau, *loc. cit.*, t. II, p. 310.
(2) L. 1, Dig., pr., *de divis. rer. et qual.*
(3) L. 2, §§ 10 et 16, Dig., *ne quid in loco publico.*
(4) L. 50, *de adquir. rer. dom.*

moder personne ; il acquiert ce qu'il bâtit par le
droit des gens, puisque le lieu où il opère est une
chose commune. Il n'est pas nécessaire de solliciter
du prince ce que le droit public permet : *super-
fluum sit hoc precibus postulare quod jam lege
permissum est* (1). Le rivage, en effet, n'est pas de
la nature des choses qui appartiennent au peuple
romain ; il est donné à tous par la divinité, et tous
peuvent en jouir (2). Les lois plus haut citées se
rapportent aux véritables choses publiques, qui
sont *in patrimonio populi*, comme les champs de
manœuvres militaires, les places, voies, où il est
interdit d'établir n'importe quel ouvrage sans l'autorisation du prince. Autres sont le rivage de la
mer et tous les objets laissés par la nature à
l'usage de tous ; au contraire, la protection de la
loi vient au secours du premier occupant, loin qu'il
lui soit besoin de permission : *Si nemo damnum
sentit, tuendus est is qui in littore ædificat, vel
molem in mare jacit* (3).

Il est aussi peu rationnel de s'adresser au magistrat que de s'adresser au prince pour obtenir une
permission dont on n'a pas besoin. Si le prince ne
peut pas la donner quand il en résulte un dommage,
le préteur le peut moins encore, puisqu'il n'a pas,
comme César, la toute-puissance ; si le prince n'a
pas à la donner quand il n'y a lésion pour per-

(1) L. un., Code, *de thesauris.*
(2) L. 14, Dig., *de adquir. rer. dom.*—L. 4, pr., l. 5, § 1, *de div.
rer. et qual.*
(3) L. 2, § 8, *ne quid in loco publico.*

sonne, c'est aussi inutile de la demander au magistrat, car il ne peut pas plus empêcher la construction que la faire détruire une fois faite.

Il faut ajouter à la classe des *res communes* l'usage des rives d'un fleuve (1), comme l'usage du rivage de la mer. Aussi il est libre à chacun d'y faire aborder des bateaux, d'amarrer des câbles aux arbres qui y croissent, d'y déposer des fardeaux (2), aussi bien que de naviguer sur le fleuve. Mais la propriété de ces rives est aux maîtres des terrains riverains, et, par suite, ils ont les arbres qui y croissent (3); ils ont seuls le droit de les couper, de les tailler, d'en prendre les fruits, à la condition, bien entendu, de ne pas faire de travaux qui nuisent à l'usage public. En retour, personne ne pourrait nuire à leur droit de propriété. Par conséquent, celui qui construirait sur la rive ne deviendrait pas propriétaire des constructions : *qui in ripa fluminis ædificat, non suum facit* (4); et comme la superficie devient l'accessoire du sol, le riverain conserverait les bâtiments, suivant la règle : *omne quod inædificatur solo cedit* (5).

18. — Parmi les choses *nullius* proprement dites, il convient de parler d'abord des îles, qui peuvent devenir la propriété du premier occupant : ce sont celles qui se sont formées dans la mer: *nullius enim*

(1) L. 5, *de div. rer. et qual.*
(2) § 4, Inst., *de div. rer.*
(3) L. 30, § 1, *de adquir. rer. dom.*
(4) L. 15, *eod. tit.*
(5) L. 7, § 10, Dig., *de adquir. rer. dom.*

esse credantur (1). Mais il est aisé de se convaincre
qu'une telle acquisition ne peut guère profiter qu'à
une personne assez puissante pour la conserver.
Aussi la propriété des îles trop étendues pour
qu'un particulier puisse se les approprier ne
pourra-t-elle être acquise que par un État, encore
devra-t-il être capable de la défendre et de la maintenir effective.

Quant aux îles qui se forment plus fréquem-
ment dans les rivières, elles appartiennent, dit le
texte (2), aux propriétaires riverains à partir de la
ligne idéale qui forme l'axe de la rivière, appelée
aussi fil de l'eau. C'est, du reste, une conséquence
du droit que les riverains possèdent sur le lit des
fleuves : le lit, que l'on considère comme chose
publique pour les nécessités et l'usage de la navigation, n'est, sous tous les autres rapports, qu'une
dépendance des fonds riverains. C'est un terrain
qui a été ou est censé avoir été enlevé, quant à
l'usage, à son propriétaire, sans que la propriété
ait cessé. Il en est du lit comme de la rive, qui est
publique de la même façon ; seulement le propriétaire peut tirer de cette dernière des fruits, des
biens, des avantages partiels dont il est totalement
privé à l'égard du lit. D'où il suit que, dès que son
terrain n'est plus couvert ou bordé par les eaux,
il semble moins acquérir un droit nouveau que
recouvrer la jouissance d'une ancienne propriété
qui devient libre, *quia populus ea jam non uti-*

(1) Inst., *de rer. div.*, 22.
(2) Inst., *de rer. div.*, 22. — L. 65, § 1, Dig., *loc. cit.*

4

tur (1). Or les îles formées dans les rivières ne sont qu'une portion du lit qui s'élève au-dessus des eaux ; aussi l'île appartient-elle aux riverains, à qui appartiendrait la partie du tréfonds qui s'est exhaussée, si le cours avait abandonné sa route.

Tel est le principe qui préside à ce genre d'acquisition de la propriété, appelé à tort accession par les commentateurs : le riverain acquiert l'alluvion ou l'île, parce qu'il possède le lit.

Et cela est si vrai que, si l'on suppose un cas où le riverain n'a plus la propriété du lit, loin d'acquérir par ce prétendu droit d'accession l'île qui s'y formerait, il verrait cette propriété passer au premier occupant, comme celle des îles qui se sont formées dans la mer.

Ce cas se présente lorsqu'il n'existe sur la rive que des terres limitées, *agri limitati*, c'est-à-dire adjugées ou concédées au nom du peuple romain, mais jusqu'à concurrence d'une certaine superficie, dont l'excédant reste *ager publicus*. Les riverains dont l'usage est ainsi limité ne peuvent rien prétendre en dehors de l'attribution déterminée qui leur a été faite, et ne profitent jamais ni des alluvions, ni des îles formées dans le fleuve: *In aquis limitatis jus alluvionis locum non habere constat* (2).

Il en est de même du lit abandonné par le fleuve: *certe desinit esse publicus;* mais il n'échoit pas aux propriétaires voisins. Ce sont là, dès lors, des *res*

(1) L. 30, § 1, Dig., *de adquir. rer. dom.*
(2) L. 16, *eod. tit.*

nullius; aussi les textes portent-ils : *Illa insula occupantis fit, si limitati agri fuerunt : occupantis alveus est* (1).

Il en résulte que si quelqu'un bâtit dans le lit du fleuve, il acquiert la propriété de ses constructions, comme il a été dit du rivage de la mer. Les terrains voisins sont-ils, au contraire, *arcifinii*, les constructions faites dans le lit sont sur le terrain d'autrui, et par conséquent appartiendront à ce propriétaire d'après la règle de droit commun (2), sans préjudice, bien entendu, de la faculté qui existe intacte pour le prince d'ordonner la démolition des travaux qui gêneraient l'usage public et le cours du fleuve.

Ce n'est donc point à l'accession qu'il faut attribuer l'acquisition de ces choses : elles restent à leur propriétaire, ou, si elles n'en ont pas, elles passent au premier occupant.

—Les choses *nullius* comprennent encore les pierres précieuses et les objets semblables qui sont trouvés sur le rivage : *Item et lapilli, et gemmæ, et cætera quæ in littore inveniuntur, jure naturali statim inventoris fiunt* (3).

Mais il ne suffit pas pour cela de les apercevoir et de les remarquer, *notare oculis* : il faut les prendre, et les prendre avec l'intention de se les approprier, point qui a été examiné plus haut.

Il convient d'y ajouter aussi les choses qu'on ra-

(1) L. 1, §§ 6 et 7, *de flum.*
(2) L. 1, *de flum.*
(3) L. 1, § 1, *de adq. rel am. poss.*

masse dans les cours d'eau, sable, coquilles et autres objets : ils sont la propriété de l'occupant parce qu'ils ne sont pas adhérents au lit, lequel est en général (1) le bien des propriétaires riverains.

19. — On acquiert véritablement par occupation les choses qui sont créées avec les matériaux d'autrui : *Species ex aliena materia facta, ipsa ante nullius fuit* (2). L'objet n'était à personne, puisqu'il n'existait pas. Il devient la propriété de celui qui le fabrique, et non pas de celui qui était le maître de la matière. Car cette matière ne se retrouve plus : *Suam speciem pristinam non continet;* et l'on ne peut pas dire que l'objet confectionné a été volé au premier maître, parce qu'il ne peut y avoir vol d'une chose qui n'a jamais appartenu à personne : *Nullo aufertur quæ antea nullius fuit.*

Ce cas se présente lorsqu'on fait, par exemple, du vin ou de l'huile avec le raisin, les olives d'autrui; du *mulsum* en mêlant du vin et du miel, un vêtement avec la laine, un navire, un meuble avec des matériaux appartenant à un tiers (3). La cause attributive de propriété est ici la puissance de création, autre forme de l'occupation; et le fait dont il s'agit a été nommé *specificatio*, du mot *species*, espèce, et considéré par quelques-uns comme un cas particulier d'accession, en ce sens qu'à la matière serait venue s'unir une nouvelle forme, et qu'il s'agirait de déterminer ce qui doit être consi-

(1) L. 1, § 7, in fin., de flum.
(2) L. 7, § 7, de adquir. rer. dom.
(3) Inst. de rer. div., 25.

déré comme principal ou comme accessoire, de la
forme ou de la matière : point de vue inexact, puisque, rigoureusement, il n'y a là ni accessoire ni
principal : il y a un objet unique, indivisible, nouveau, une *res nullius*.

A quelles conditions la spécification peut-elle
créer la propriété? Elles sont au nombre de quatre :

1° *Species nova*, nouvelle espèce. Il faut en premier lieu que la matière ait changé non-seulement
d'aspect, mais d'espèce : *pristinam formam non
contineat;* de sorte que celui à qui elle appartenait ne puisse plus dire : voilà ma chose. Il faut
qu'il y ait objet nouveau; il ne suffirait pas, par
exemple, de teindre en pourpre la laine appartenant
à autrui (1) : ce serait toujours de la laine. Mais,
dans les exemples cités plus haut, le propriétaire
du raisin ne pourra pas dire que le vin qui en est
extrait est son bien : il n'a jamais eu de vin, et le
navire fabriqué avec l'arbre qui m'appartenait n'est
plus mon arbre : l'arbre, indubitablement, n'existe
plus : *Cupressus non manet, sed cupresseum cor-
pus* (2), dit le jurisconsulte Paul.

2° *Animus*, l'intention. Une seconde condition
exige que le spécificateur travaille en son propre
nom, pour soi, *sui nomine*. On n'acquiert jamais
une possession sans avoir la volonté de l'acquérir :
nihil adquiritur nisi volenti. D'où l'on conclut que
le créateur de l'objet est celui qui l'a fait ou qui l'a
fait faire, et non pas l'ouvrier dont le travail a été

(1) L. 26, § 3, Dig., *de adquir. rer. dom.*
(2) L. 26, princ., *eol. tit.*

employé : ce dernier acquiert pour le maître, *ei cujus nomine factum est* (1).

3° *Per se substet species*, indépendance de l'objet. Cette condition tire sa raison d'être de la législation des constructions bâties sur un terrain avec les matériaux d'autrui. Ici, l'occupation se trouve combattue par ce fait que les édifices ne peuvent exister indépendamment du sol qui les supporte. Aussi la loi dispose-t-elle que la propriété n'est acquise que lorsqu'on bâtit sur son propre terrain. De là cette règle : *Aut species per se substet, aut, si solo cohæret, cohæreat nostro ; si solo alieno, solo cedit :* que la matière soit indépendante, ou, si elle est l'accessoire du sol, que ce sol nous appartienne (2). En fait d'objets mobiliers, la matière subsistera toujours par elle-même et restera indépendante : autrement ce ne serait plus un cas de *specificatio*.

4° *Ne resolvi possit res*, que la chose ne puisse reprendre sa première forme. L'objet ne doit pas pouvoir être ramené à son espèce primitive, sinon on regarderait de préférence le maître de la matière comme propriétaire de la nouvelle espèce (3). Cette solution n'a pas été admise sans une longue controverse, dont l'exposé est un véritable historique de la spécification.

A qui devait-on attribuer la propriété de la *nova species*? au créateur disaient les Proculéiens, et à leur tête Proculus et Nerva, parce que ce qui a été

---

(1) L. 27, § 1, *cod.*
(2) L. 7, § 10, Dig., *cod. tit.*
(3) Inst., *de rer. div.*, 25. — L. 24, Dig., *loc. cit.*

fait n'était auparavant à personne, *quia quod factum est antea nullius fuerat* (1), sans distinguer
si l'objet pouvait revenir à sa première matière ou
s'il ne le pouvait pas.

Sans faire plus de distinction, Sabinus et Cas-
sius, chefs de l'école sabinienne, se prononçaient
en faveur de la substance, sous prétexte qu'elle
n'est pas détruite et qu'elle existe quand même, ce
qui est vrai, mais surtout parce que sans elle il
eût été impossible de confectionner la chose, « *quia
sine materia nulla species effici possit* (2). »

Vinrent enfin les jurisconsultes éclectiques,
appelés à l'école *erciscundi* ou *miscelliones*, avec
Pomponius (3), qui introduisirent la distinction
admise par Justinien. La matière peut-elle être
ramenée à son premier état, elle n'a fait que changer de forme, elle est restée : *materia manet* ; donc
on peut la revendiquer de la part du propriétaire,
et obtenir l'espèce formée. Ne peut-elle pas, au
contraire, *reduci ad pristinam materiam*, reprendre son premier état, elle a légalement cessé
d'exister, le propriétaire ne peut plus revendiquer
ce qui est détruit ; dès lors, le spécificateur deviendra propriétaire par occupation de ce qu'il a créé.
Tel est le cas prévu par nous dans ce paragraphe.

20. — Avant la découverte, faite en 1816, du
manuscrit de Gaïus, les commentateurs disputaient

---

(1) L. 7, § 7, Dig., *loc. cit.*
(2) L. 7, § 7, Dig., *de adquir. rer. dom.*
(3) L. 5, § 1, Dig., *de rei vindicatione.*

sur le point de savoir si une cinquième condition,
la bonne foi, n'est pas nécessaire pour l'acquisition
de l'objet créé avec les matériaux d'autrui. Les lois
de Justinien ne présentent à cet égard aucun texte
satisfaisant ; et plusieurs jurisconsultes, s'appuyant
sur des fragments du Digeste, n'hésitaient pas à
exiger la *bona fides* du spécificateur.

Paul dit formellement, en effet, que si la laine
dont on a fait l'habit a été volée, on ne considère
plus que la matière, et le vêtement ne sera pas
acquis à celui qui l'a confectionné : *et ideo vestis
furtiva erit* (1). *Ad exhibendum actione tenebi-
tur* (2), dit-il ailleurs en parlant du voleur qui a
fabriqué une espèce avec ce qui nous appartient : -
Quia quod ex re nostra fit, nostrum esse verius est.

Mais cette opinion, qui se rattache trop clairement
aux errements de la secte sabinienne, est aujour-
d'hui renversée par le texte très-précis de Gaïus :
« Certains jurisconsultes pensent que la chose
» appartient à celui qui l'a faite ; mais ils donnent
» au propriétaire de la matière l'action de vol contre
» celui qui l'a dérobée (3) ; » d'où l'on infère que le
voleur lui-même devient propriétaire, malgré sa
mauvaise foi, et qu'on n'a jamais contre lui l'action
en revendication.

On peut agir toutefois par la *condictio furtiva* ;
car, si les choses détruites ne peuvent être reven-
diquées, on a néanmoins une action personnelle

(1) L. 1, § 29, Dig., *de usurp. et usuc.*
(2) L. 12, § 3, *ad exhibendum.*
(3) Gaïus, *Com.*, II, 79.

contre les voleurs (1) et quelques autres possesseurs, c'est-à-dire les héritiers du voleur (2), ses
ayant-cause (3), les possesseurs de mauvaise foi,
ou même de bonne foi si la chose a péri par leur
fait, ou s'ils ont été mis en demeure, *post moram*.
Contre ces derniers possesseurs, la condiction par
laquelle on agit n'est pas une *condictio furtiva*.

De ce que le spécificateur devient propriétaire de
la *nova species*, il résulte qu'il a l'action réelle pour
se faire restituer la chose partout où elle se trouve,
sauf à payer une indemnité pour la matière, en
vertu de cette règle que nul ne doit s'enrichir au
détriment des tiers.

Si le spécificateur est un voleur, il peut, tout en
restant propriétaire de l'objet, être tenu de l'action
furti, qui est du quadruple en cas de vol manifeste,
et du double dans les autres cas ; et aussi de l'action dite *condictio furtiva*, qui le contraint personnellement à restituer l'objet volé ou à en payer
l'estimation. Cette *condictio* est suppléée, au choix
du poursuivant par l'action *ad exhibendum*, par
laquelle quiconque justifie d'un intérêt (4) peut contraindre le détenteur à représenter la chose, sinon
à payer une indemnité pour le préjudice causé.

Ces deux actions ne se cumulaient jamais.

21. — L'occupation semble être souvent le
moyen d'acquérir certaines choses connues sous le

(1) Inst., *de rer. div.*, 25.
(2) L. 7, § 2, Dig., *de cond. furt.*
(3) *Eod.*, in fine.
(4) L. 3, § 9, *ad exhibendum*.

nom général d'*accessiones*, que les commentateurs
ont détourné de son véritable sens, pour désigner
par *accession* le mode d'acquisition particulier qui
s'appliquerait à ces objets. Ils expliquent, du reste,
leur théorie en disant que, dans tous les cas où
l'objet s'étend ou se transforme par l'adjonction
d'un autre objet, il faut décider que la chose accessoire est acquise au propriétaire du principal,
d'après la règle établie par Ulpien en matière de
legs : *Accessio cedat principali* (1).

De là les interprètes ont tiré l'accession (2), qui
a passé dans le droit civil français comme moyen
d'acquérir la propriété (3).

Malheureusement, il en est de cette accession
comme de la spécification, dont il vient d'être parlé.
Nulle part, dans les écrits des jurisconsultes romains, il n'en est question comme d'un mode d'acquisition de la propriété. Il faut pourtant ramener
ce fait à une des causes civiles reconnues par les lois.

Nous distinguerons d'abord entre le cas où l'accession est une véritable conservation de la propriété déjà acquise, ou une de ses conséquences,
— comme lorsque nous discutions sur la propriété
des îles nées dans un cours d'eau, — et ceux où il
y a une véritable occupation de propriété : or ces
derniers sont notre seul objectif. Ils peuvent se
classer en deux catégories.

(1) L. 19, § 13, *de aur. argent.*
(2) Heineccius, *Elementa juris*, 562.
(3) Article 712 du Code civil.

En premier lieu, il peut y avoir accession de choses qui n'appartiennent à personne : tel est le cas où des abeilles viennent s'établir dans ma ruche ; tel est le cas où des molécules solides entraînées par les eaux forment insensiblement sur ma rive une alluvion dont mon champ s'accroît. Ici, de même que l'occupation véritable des *res nullius* opérée par ma volonté m'en rend propriétaire, semblablement l'occupation opérée *per meam rem* me fait acquérir le nouvel objet qui s'y est incorporé, ou qui en est devenu simplement l'accessoire. Pas de doute alors pour ces hypothèses : l'acquisition a lieu par occupation.

2° L'accessoire est une chose appartenant à autrui : dans ce cas, il n'y a pas transmission de propriété ; car, ou la chose est encore reconnaissable après l'incorporation, comme lorsque la pourpre d'une personne a été cousue sur l'habit d'autrui, — le propriétaire aura alors l'action *ad exhibendum* pour faire détacher la pourpre qui n'est plus *res extincta*, et la *rei vindicatio* lui viendra en aide pour lui faire rendre sa chose ; — ou l'objet est confondu, et le maître ne peut prouver sa propriété : tel est le cas du mélange, de la spécification, de la *ferruminatio*. La revendication ne sera plus matériellement possible : il y a là un fait consommé qui détruit l'exercice du droit ; mais restera toujours l'action contre les personnes qui seraient tenues de nous restituer notre propriété (1).

(1) Docauroy, *Institutes*, t. I, p. 235 et suiv.

Il en sera de même si la revendication est deve-
nue impossible, non pas à cause d'une confusion
véritable, mais en vertu d'un texte de loi : c'est ce
qui a lieu pour les bâtiments construits sur le terrain d'autrui. Les matériaux continuent d'appartenir à leur propriétaire, qui, régulièrement, aurait
l'action *ad exhibendum*, puis la revendication. Mais
la loi des Douze-Tables (1), pour des motifs d'intérêt
général, a suspendu ce droit jusqu'au moment où
l'édifice sera détruit *aliqua ex causa* :

Tignum junctum ædibus vineæque ne solvito (2).

Il résulte de cette distinction que toutes les fois
que l'accession fait acquérir la propriété, elle n'est
qu'une forme de l'occupation.

Vérité probablement admise au temps de Gaïus
et d'Ulpien, ainsi qu'il résulte de la législation des
res mancipi : elle présente en effet une particula-
rité qui n'est pas sans importance dans la question
qui nous occupe.

Le domaine civil des *res mancipi* ne s'acquérait
pas par tous les moyens; et même, parmi les
moyens naturels, le seul qui pût créer la propriété
quiritaire était l'occupation : la tradition, en effet,
ne faisait acquérir que la possession *in bonis* (3).
Or, coïncidence singulière, les faits d'accession,
qui n'étaient pourtant pas signalés comme un

(1) Douze-Tables, VI, 7.
(2) Inst., *de rer. dir.*, 29.
(3) Gaïus, *Com.*, II, 19.

mode particulier pouvant faire naître la propriété des *res mancipi*, aboutissaient cependant à cette propriété, et, semblables sous ce rapport à l'occupation, créaient comme elle le véritable *jus quiritium* partout où elle pouvait le faire acquérir (1).

Ne faut il pas tirer de cette assimilation entre les faits d'accession et l'occupation cette conséquence que ceux-là n'étaient véritablement qu'une forme de celle-ci?

§ 2. — *Res quæ dominum amiserunt volentem :*
pro derelicto.

23. — La propriété se perd de deux façons : soit qu'on la transmette à autrui, soit qu'on l'abdique purement et simplement, et qu'elle reste vague.

Dans la première espèce il y a tradition, soit simple, soit symbolique, réelle, feinte, de brève ou de longue main, soit complétée par l'occupation. Ce dernier fait a lieu quand la volonté du maître, se portant sur une personne incertaine, transfère cependant la propriété. Ainsi les préteurs et les consuls qui jettent de l'argent au peuple, *missilia* (2), ignorent ce que chacun en recueillera; mais comme ils veulent que chacun acquière ce qu'il pourra saisir, ils l'en rendent aussitôt proprié-

_____

(1) Gaius, *Com.*, II, 70 et suiv.
(2) Justinien permit aux consuls de jeter de l'argent au peuple, mais il leur défendit de répandre de l'or, cette faculté étant réservée à l'empereur, *cui soli etiam aurum contemnere præstat fortunæ fastigium.* (Novelle 105, II, § 1.)

taire (1) : ils font une tradition, les autres occupent. Il y a donc là un double phénomène juridique.

Quand la propriété perdue par le maître reste
vague, la chose devient *res nullius* et est susceptible d'appartenir au premier occupant. Or l'objet
peut devenir *nullius* soit par la volonté du maître,
soit par un autre fait. Dans le premier cas, il est dit
pro derelicto : celui qui s'empare de la chose ainsi
abandonnée en devient propriétaire à l'instant. On
considère comme abandonné ce que l'on rejette,
parce qu'on ne veut plus l'avoir dans ses biens :
d'où il suit qu'on cesse à l'instant d'en être propriétaire, puisqu'on perd la possession et l'intention,
factum et animum (2). Selon Proculus toutefois,
la propriété ne serait perdue par le maître qu'au
moment où un tiers se serait emparé de la chose;
jusque-là, le droit subsisterait pour l'abandonna-
teur; il y aurait, en un mot, une espèce de tradition
à personne incertaine. Mais cet avis n'a pas prévalu (3). Dès que la chose est abandonnée, elle
n'est à personne; autrement elle ne serait pas
abandonnée.

L'objet, au surplus, n'est abandonné que lorsque
le fait est accompagné de l'intention de ne plus être
propriétaire : *Quod dominus abjecit ea mente, ut id
in numero rerum suarum esse nolit* (4). Si cette

(1) Inst., *de rer. div.*, 46.
(2) L. 2, in fine, Dig., *pro derelicto*.
(3) L. 2, § 1, *eod. tit.*
(4) Inst., *de div. rer.*, 47.

intention manque, la propriété subsiste : c'est ce
qui a lieu pour les objets que, dans la tempête, on
jette par-dessus bord afin d'alléger le navire ; on en
conserve toujours la propriété, parce qu'on les
abandonne seulement pour échapper plus facilement au danger. Celui-là donc commet un vol
qui, dans l'intention de se les approprier, les enlève
du rivage où la vague les a poussés, ou même du
sein de la mer. Les Institutes de Justinien (1), en
ajoutant que cette disposition s'applique aux objets
perdus, par exemple qui tombent d'un chariot sans
qu'on s'en aperçoive, prouvent qu'en droit romain
les *épaves* ne devenaient jamais le bien de celui qui
les trouvait. Aussi ne pouvait-on même pas les
prescrire *pro derelicto : Pro derelicto usucapere
non posse verius est* (2).

Il faut en dire autant des objets que le maître a
voulu abandonner seulement pour partie : *Efficere
non potest ut partem retineat, partem pro derelicto habeat* (3). Au contraire, l'abandon serait valable de la part du communiste qui laisse sa part
tout entière, car pour lui la partie est le tout.

§ 3. — *Res quæ dominum amiserunt casu aut invitum : thesaurus.*

Si l'on ne peut pas s'approprier les choses perdues ou égarées, il en est de même à plus forte

(1) *De dir. rer.*, 48.
(2) L. 7, Dig., *loc. cit.*
(3) L. 3, *eod.*

raison de celles qui ont été cachées ou enfouies, puisque cette précaution est prise pour les mieux conserver (1). On serait donc coupable de vol si l'on s'en emparait.

Cependant, quand la trace de propriété s'est tout à fait effacée, les choses cachées sont considérées comme un trésor, dont la découverte est une véritable occupation : *Sic enim fit ejus qui invenerit, quod non alterius sit* (2).

23. — La loi romaine définit le trésor : *vetus quœdam depositio cujus non exstat memoria, ut jam dominum non habeat* (3), un ancien dépôt dont il n'existe plus aucun souvenir, et dont nul ne peut justifier qu'il est propriétaire. Ces deux conditions réunies permettent de supposer que le maître de l'objet n'existe plus ou qu'il a renoncé à son droit. En réalité, la propriété n'a pas été perdue, mais tous les souvenirs en sont effacés.

Ce n'est donc que sur la foi d'une présomption que le trésor est *res nullius*. Faudra-t-il, dès lors, l'attribuer à l'occupant? D'un autre côté, le propriétaire du lieu où il se trouve caché n'a-t-il pas quelque droit sur cet objet? Sans doute il n'y a pas proprement occupation indirecte par la chose, puisque l'intention manque avec la connaissance même de l'existence du trésor, et le trésor n'est pas un accessoire du fonds; mais il y a bien quelques pro-

(1) L. 31, § 1, Dig., *de acq. rer. dom.*
(2) Eod.
(3) *Cujus etiam furtum fit*, l. 31, § 1, Dig., *de acq. rer. dom.*

babilités pour qu'il ait été enfoui ou caché par ceux dont le propriétaire actuel est le successeur. En outre, c'est le fonds qui a conservé jusqu'ici l'objet, et qui possède pour ainsi dire sur lui un privilége pour la conservation de la chose. Enfin, le propriétaire du fonds avait plus de chances que tout autre de découvrir le trésor ; ce qui n'a pu se faire, après tout, sans son consentement, si ce n'est par fraude, puisqu'il pouvait empêcher qu'on s'introduisit sur son fonds.

C'est pour ces motifs que les législateurs ont souvent hésité sur l'attribution du trésor. Platon veut que lorsqu'on a trouvé un trésor, on fasse sa déclaration au magistrat et que l'on consulte l'oracle (1). Apollonius de Tyane l'adjugeait au plus honnête homme, comme un présent de la libéralité divine (2).

L'ancienne loi romaine semblerait favorable au propriétaire du fonds, si l'on décidait d'après les vers suivants de Plaute :

CALLICLÈS. Qui emisset, ejus esse ne ea pecunia
Emi egomet potius ædeis, argentum dedi,
Thesauri caussa, ut salvum amico traderem (3).

Et aussi d'après Horace :

O si urnam argenti fors quæ mihi monstret (4)! etc.

idée qui ressort également de saint Matthieu, lors-

(1) *Des lois*, XI.
(2) *Vie d'Apollonius*, II, 39.
(3) Plaute, *Trinummus* (L'homme aux trois écus), acte I, sc. II, v. III et suiv.
(4) L. II, *Satire*, VI, v. 10.

5

qu'il dit de l'homme qui a trouvé un trésor, qu'il le cache et vend tout ce qu'il a pour acheter le champ où il l'a caché (1).

Le droit romain définitif a cherché à sauvegarder tous les intérèts. L'empereur Hadrien, sur ce point, a jeté les bases de la dernière législation, qui est encore le droit chez nous. Avant lui, dans les premiers temps de l'empire, si l'on en croit Tacite (2), le trésor était attribué au fisc, ainsi qu'il résulte de l'histoire de Bassus racontée par cet historien. Hadrien posa en principe que le trésor appartient à l'occupant : ainsi en est-il quand il est trouvé par le propriétaire sur son propre fonds, ou dans un lieu sacré ou religieux, lequel n'appartient à personne. Toutefois, en ce qui concerne le sol des provinces, dont le domaine était censé appartenir au peuple ou au prince, et où Gaïus prétend qu'il ne pouvait y avoir rigoureusement de lieu sacré ni religieux, la moitié du trésor revenait au peuple ou à César, suivant que le sol était stipendiaire ou tributaire. C'est ce que décidèrent Marc-Aurèle et son frère Vérus dans une espèce de ce genre (3).

Pareillement, quand le trésor était trouvé dans le fonds d'autrui, la moitié revenait *jure soli* au propriétaire : *Si quis in suo reperisset, ipse potiretur; si in alieno, dimidium domino daret; si quis in publico, cum fisco œqualiter partiretur* (4).

---

(1) Évangile de saint Matthieu, ch. XIII, v. 44.
(2) *Annal.*, l. XVI, c. 1-2.
(3) L. 3, § 11, Dig., *de jure fisci.*
(4) Ælius Spartianus, *in Hadriano.*

Après Hadrien, une constitution des empereurs Gratien, Valentinien et Théodose (1), n'accorda que le quart au propriétaire du fonds. Mais Justinien revint aux règles édictées par Hadrien et les reproduisit en entier.

Pour que le trésor soit attribué, conformément à cette décision, pour moitié au propriétaire du fonds, pour moitié à l'inventeur, il faut que celui-ci l'ait trouvé sur le terrain d'autrui sans le rechercher, *sed fortuitu*, par hasard. D'après une constitution de l'empereur Léon (2), si l'on va faire des recherches à dessein sur le terrain du voisin, tout ce que l'on trouvera appartiendra au maître du fonds. Mais il est permis à chacun de rechercher des trésors dans sa propriété, pourvu cependant qu'on ne le fasse pas à l'aide de sortiléges criminels ou de tout autre artifice odieux que les lois réprouvent.

Quant à celui qui, ayant trouvé sur le domaine du fisc un trésor, n'aura pas restitué la moitié à laquelle il ne peut prétendre, ou fait sa déclaration, il subira la confiscation de la totalité, et une amende égale à la valeur de la trouvaille (3).

Pour ce qui est de la nature du trésor, il faut distinguer entre les deux parts déterminées par la loi. L'une est acquise par droit d'occupation, *occupanti*; l'autre arrive au propriétaire *jure soli*, par

(1) Cod. Theod., L. 2, *de thesauris.*
(2) Cod. Théod., *de thesauris.* — L. 63, § 3, Dig., *de adquir. rer. dom.*
(3) L. 3, § 9, Dig., *de jure fisci.*

droit de domaine : double nature qui subsiste lors
même que le trésor trouvé par le propriétaire sur
son propre fonds ne subit pas cette division matérielle entre deux personnes. Le bénéfice ira sans
doute, dans ce cas, au même individu, à la fois propriétaire et inventeur; mais il lui écherra à deux
titres différents ; de sorte que si le trésor est trouvé
par le mari, pendant le mariage, sur le fonds dotal,
il devra restituer (1), en restituant la dot, la moitié
qui lui sera échue comme propriétaire *jure soli*,
sur laquelle son droit cesse du jour où il est résolu
sur le fonds lui-même.

(1) L. 7, § 12, *soluto matrimonio.* — L. 30, Code, *de jure do-
tium.*

CHAPITRE III

On croirait, en lisant l'art. 713 du Code civil, que l'occupation, moyen d'acquérir la propriété, n'existe plus dans notre législation : « Les biens qui n'ont pas de maître appartiennent à l'État. » Mais pour se rendre compte de la portée et du sens véritable de cette maxime, il faut chercher les motifs qui l'ont dictée et les précédents qui ont inspiré le législateur.

24. — Le droit romain des provinces et, dans le principe, celui de l'*ager publicus* (1), reconnaissaient comme seul propriétaire des biens le prince ou le peuple romain ; les détenteurs particuliers n'avaient qu'une sorte de possession, de location, qu'ils payaient par l'impôt ; de telle façon que les biens n'étaient jamais sans maître, et que les successions vacantes, soit par déshérence, soit par abandon, revenaient à l'État (2), qui en était de tout temps le seul propriétaire. L'occupation était donc aussi impossible que la propriété, puisque tous les biens appartenaient à un maître perpétuel.

(1) Aulu-Gelle, *Nuits attiques*, IV, 1.
(2) L. 10, Code, *de bonis vacantibus.*

Cette législation, souvenir des lois grecques (1), a eu pour transition les principes des lois germaniques, qui nièrent elles aussi les droits des particuliers pour ne faire des biens que l'immense domaine du chef, ainsi qu'il résulte de textes assez formels (2).

Il en est sorti, en France, la théorie du domaine éminent du roi sur tous les biens qui n'ont pas de maître; il en est sorti surtout la théorie féodale des droits de justice.

On distingue en effet, dans tout ce qui a trait au régime juridique de la féodalité, entre les droits *de justice* et ceux des *fiefs*, et, par suite, entre les seigneurs justiciers et les seigneurs simplement féodaux.

Le seigneur exerçant la *haute*, la *moyenne* ou la *basse justice* était au seigneur féodal ce que le prince était aux particuliers dans les possessions provinciales de Rome. Et ce n'est point là seulement un rapprochement de droit et d'histoire, c'est aussi une analogie de langage, car le domaine éminent du fisc romain sur les objets sans maître était exercé par les *judices*, qui pouvaient, comme plus

---

(1) Plutarque, *Vie de Lycurgue*, 12. — Platon, *Des lois*, liv. V.
(2) Tacite, *Germanie*, XXVI. — Cæsar, *de Bello gallico*, VI, 22. — Montesquieu, *Esprit des lois*, XXX, 3. — C'est ainsi qu'en droit germanique les objets trouvés appartenaient au prince (*Consl. Siæl. Frid.*, 1. I, t. LVIII). Disposition suivie encore aujourd'hui par le Code danois pour le Trésor, *Dannela* (art. 3, 5, 9. — Placard du 7 août 1752).

tard le haut justicier, en concéder la propriété aux particuliers.

Le droit de justice entraînait avec lui le domaine direct, opposé au domaine utile qui appartenait au fief. Était-ce, comme on l'a dit, à titre de dédommagement des frais de justice ou de nourriture des enfants trouvés que ces priviléges étaient ainsi accordés? Ce n'est pas à croire; car, d'un côté, les enfants trouvés étaient plutôt à la charge des fiefs(1); et, de l'autre, le droit de justice était entouré de priviléges qui n'avaient rien de commun avec la justice proprement dite (2); c'était plutôt une sorte de pouvoir direct : d'où vient encore le mot *juridiction*, employé quelquefois dans le sens de souveraineté.

De là dérivait, pour le seigneur justicier, le domaine direct sur les immeubles (3), et par suite le droit de *vacants* proprement dit sur les biens sans maître compris dans le territoire qui dépendait de lui par accensement (4) ou inféodation : de là le domaine complet sur les meubles également sans propriétaire. C'est ainsi qu'il acquérait les épaves

(1) Sentence arbitrale de M⁰⁰ Moufle, le Roy et Nouet, avocats au Parlement, du 5 septembre 1701. — De Livonière, *Traité des fiefs*, l. VI, ch. v, sect. 3. — Arrêt du 30 juin 1664. — Harcher, *Droit des fiefs sur la Coutume du Poictou*, ch. X, sect. 4.

(2) Droits d'aubaine, d'épaves, de gironette, etc.

(3) Galland, *Traité du franc-alleu*. — Code Marillac, sous Louis XIII (art. 333).

(4) Le *cens* est la rente moyennant laquelle un seigneur abandonne ses terres à cultiver. De là *censif*, *censive*, *accensement*. On appelle, au contraire, *allodinux*, les héritages qui ne doivent ni cens ni autres charges semblables, *solum immune* (L. ult., § 7, Digeste, *de censibus*).

ou bêtes égarées (1), les essaims d'abeilles ou *épaves d'avelles* (2), les épaves du faucon et du destrier. L'art. 596 de la Coutume de Normandie lui donnait « toutes les choses que l'eau jette à terre par tourmente et fortune de mer, ou qui arrivent si près de la terre qu'un homme puisse y toucher avec sa lance, » et la totalité des trésors (3).

Les *Établissements de saint Louis* lui accordaient un tiers dans le trésor, sauf pour les objets en or, qui étaient attribués au roi dans tous les pays de son obéissance (4), suivant la maxime de Loysel : « Le roi applique à sa fortune et trouve d'or (5). »

Et, par la même raison que le justicier profitait des vacants, il héritait aussi des successions en déshérence : « Biens vacants en deffault de successeur appartiennent au seigneur en la juridiction duquel sont trouvez lors du décès du deffunct (6); » des successions des aubains qui ne pouvaient avoir d'héritiers : « Les biens des aubains natifs hors le royaume (7) » appartiennent aux justiciers dont ils sont mainmortables; des successions des bâtards, assimilés aux aubains (8),

(1) Coutume de Reims.
(2) Coutumes de Tours, du Maine, d'Anjou.— *Coutume de Loudun*, tit. III, ch. III.
(3) *Cout. gén.*, L. IV, ch. XVIII, p. 9.
(4) *Établissements de saint Louis*, l. I, ch. XC.
(5) Loysel, *Inst. coutum.*, 2791.
(6) Coutume du Poictou, art. 290.
(7) Coutume de Tours, art. 43.
(8) *Établissements de saint Louis*, l. II, ch. XXX.—Loysel, l. I, t. I, règle 47.— Pothier.—*Contra*, Parlement de Grenoble, 3 juillet 1652.

et des morts *desconfés* (sans confession) (1).

Le seigneur féodal héritait du domaine utile à un tout autre titre. Justice et fief n'ont rien de commun (2). Tel était haut justicier qui relevait d'un féodal; le roi de France, justicier par tout le royaume, en ce sens qu'il avait la suprématie sur les francs-alleux (3), était vassal de l'abbaye de Saint-Denis.

Or, tirant son origine lui aussi du droit romain, mais de la clientèle et du patrociniat, le privilége féodal ne dérivait pas d'une sorte de domaine éminent, mais plutôt d'un domaine effectif résultant de l'agglomération des biens entre les mains du seigneur, suite elle-même de l'agglomération des vassaux autour de ce dernier, qui les avait achetés par le *feudum* ou solde : d'où vient, au surplus, le mot *fief*, *féodal*, *inféoder*. Tout ce qui était compris dans les terres du seigneur appartenait au seigneur. « Pas de terre sans seigneur (4), » disait le brocard juridique et politique; et de même que le haut justicier acquérait les vacants par droit de juridiction, le féodal les tenait par droit d'enclave.

(1) *Établissements de saint Louis*, XCIX.

(2) Billecocq, *Traité des fiefs*, t. I, ch. XVI.

(3) « Franc-alleu est tenu de Dieu seul, fors quant à la justice, laquelle est au roi. » — Loysel, II, 1, r. 19.

(4) Loysel, *Inst. cout.*, l. II, t. II, r. 1. — On pouvait dire aussi : pas d'homme sans seigneur; car tout homme *libre* devait s'*atour* d'un maître (*Leges Œthelstani*, c. II, 924). Celui dont le seigneur était mort devait en choisir un autre (Coutume de Bigorre, c. XXXVII, 1097); l'aubain devait choisir, *avouer* son seigneur dans l'an et jour (Coutume de Loudun), sous peine d'être *sans aveu*, expression encore usitée (Code pénal, art. 270 et suiv.).

Ajoutons à cela les droits de banalité, qui permettaient au seigneur d'interdire, par un *bannum* ou publication, la chasse et la pêche en ses *défens*, *forest* et *garennes* : *Isto modo flumina et sylva sunt banalia* (1); « Hons coutumiers si fet LX sols d'amende, se il chasse en garenne de seigneurs, ou il pesche en ses étangs ou en ses defois (2); » nous aurons dès lors la trinité des abus seigneuriaux : justice, fief et banalité (3), qui empêchaient la propriété telle que nous la comprenons aujourd'hui, et, pour cette raison, s'opposaient à la possibilité de l'occupation dans le droit féodal.

Cela est si vrai, que la part dans les trésors trouvés n'était accordée à l'inventeur qu'avec bien des difficultés (4), et que les jurisconsultes du droit coutumier (5) n'osaient pas, dans leurs traités, mentionner le droit d'occupation, jusqu'au jour où des principes plus sains commencèrent à percer dans les écrits de Puffendorf (6) et des philosophes du dernier siècle.

(1) Cassaneus, *Coutume de Bourgogne*.
(2) *Etablissements de saint Louis*.
(3) La dîme ecclésiastique n'entre point parmi les abus féodaux ; c'est une charge d'une autre nature, dont aucun héritage n'est exempt (Domat, *Lois civiles*, Des choses, t. III, sect. II).
(4) Bacquet (*Droits de justice*, ch. XXXII) mentionne un procès qui dura sept ans pour la propriété d'un trésor trouvé sur les terres du roi (1563). Le troisième arrêt seulement en attribua le tiers à l'inventeur (29 juillet 1570). — *Conf.* un autre arrêt du 30 mars 1580.
(5) Chopin, *de Domanio*, L. III, p. 637. — Boucheul, *Sur la coutume de Poictou*, art. CCCII. — Chassaneux, *Sur la coutume de Bourgogne*, ne reconnaît même jamais le droit d'occupation, puisqu'il attribue les trésors comme les épaves au justicier (tit. *des justices*, § 1).
(6) *Droit naturel et des gens*, liv. IV, ch. VI.

25. — Quand la Révolution se fit, on déclara que « le droit de s'approprier les terres vaines ou vagues, ou gastes, landes, biens hermes ou vacants, garvigues, flegards ou vareschaix, n'aura plus lieu en faveur des ci-devant seigneurs (1), » et qu'ils seraient privés à l'avenir des droits de déshérence, aubaine, bâtardise, épaves, varechs et trésor trouvé. On abolit du même coup tous les usages féodaux et les priviléges des seigneurs.

Puis, plus tard, quand on rédigea le Code civil, on déclara, dans l'art. 713, que tous les biens qui n'ont pas de maître appartiennent à l'État. Ressuscitait-on, par cette clause, au profit du souverain tous les abus de la haute justice et des fiefs? excluait-on de notre droit l'occupation comme mode d'acquisition de la propriété? Telle est la question qu'il faut maintenant résoudre.

On comprend que, dans une société avancée, l'occupation peut être une source de violences et de désordres. Outre les difficultés de droit qu'elle peut faire naître, et que nous avons signalées, elle créerait des contestations de fait qui dégénéreraient souvent en une question de force et de supériorité matérielle. Aussi, prévoyant ces conséquences, les législateurs avaient-ils décidé dans le projet de Code que « la loi civile ne reconnaît pas le droit de simple occupation (2), » consécration complète du

(1) Loi des 13-24 avril 1791, art. 7.
(2) Projet de code du 21 thermidor an VIII.

droit coutumier et abandon de la législation romaine.

Mais le tribunal d'appel de Paris fit observer qu'il y avait là une anomalie : « Nous n'approuvons pas » qu'on dise, déclara-t-il, d'une manière si crue » et si générale que la loi civile ne reconnaît pas le » droit de simple occupation, et que les biens qui » n'ont jamais eu de maître appartiennent à la na- » tion. Il y a des choses qui n'appartiennent à » personne, et que les jurisconsultes appellent *res* » *communes*, *res nullius*. Entend-on soustraire » aux particuliers la faculté d'acquérir ces choses » pour les donner exclusivement à la nation? » Les pierres, les coquillages qu'on ramasse au » bord de la mer, n'appartiennent-ils pas à ceux » qui s'en saisissent? On peut citer cent exemples » pareils (1). »

Sur cette observation, on retrancha la première partie de l'article, et on laissa la seconde, qui dut nécessairement changer, par cela même, de signification. Car si l'on admet le droit d'occupation comme pouvant faire acquérir la propriété, il est dès lors inexact de soutenir que tous les biens sans maître appartiennent à la nation : disposition contredite, en outre, par les textes suivants : « Il est des » choses qui n'appartiennent à personne et dont » l'usage est commun à tous; des lois de police rè- » glent la manière d'en jouir. La faculté de pêcher » et de chasser est également réglée par des lois

_____
(1) Fenet, t. II, p. 212.

» particulières. La propriété d'un trésor appartient
» à celui qui le trouve... » Voilà autant de déroga-
tions à l'art. 713. Il y a donc toute une législation
qui s'intéresse à ces choses *nullius*, et qui régit les
moyens et quelquefois le droit de s'en emparer. Or
quelles sont, parmi les choses sans maître, celles
qui sont susceptibles d'occupation? quelles sont
celles qui appartiennent à l'État?

Il faut ici combiner l'art. 713 avec une autre
règle admise dans notre droit, et qui a avec l'occupation une relation très-étroite: c'est celle en vertu
de laquelle la prescription des meubles est instantanée: « En fait de meubles, possession vaut
titre (1). » Il s'ensuivrait, si la loi n'avait rien dit
quant à l'occupation, qu'elle serait reconnue par
l'art. 2279.

Quelles sont en effet les conditions qu'exige cet
article? Conformément à la jurisprudence du Châ-
telet, si l'on en croit Bourjon (2), la possession de
bonne foi fondée sur une juste cause fait acquérir
immédiatement la propriété des meubles (3); elle
est un titre de propriété; si bien que les qualités
de possesseur et de propriétaire se confondent, en
vertu de la règle écrite dans ce texte (4). Or,
dans le cas de l'occupation des choses *nullius*, la
juste cause existe, puisque la prise de possession

(1) Art. 2279.
(2) *Droit commun de la France*, t. I, p. 1091.
(3) Marcadé, *de la Prescription*, art. 2280.
(4) Bourbeau, *Justice de paix*, actions possessoires.

vaut titre ; la bonne foi résulte de ce que l'on sait l'inexistence du propriétaire; dès lors, l'occupation est efficace et crée la propriété instantanément: où il apparaît que le droit civil nous conduit aux mêmes conséquences que le droit naturel.

Les immeubles, et même les universalités de meubles, telles qu'une succession mobilière, ne sont point susceptibles de cette appropriation immédiate ; et, aux termes des lois sur la prescription, l'occupation ne pourrait, dans l'esprit de la législation actuelle, faire acquérir que les actions possessoires, mais qui, en fin de compte, équivaudraient à la propriété, si la chose n'était véritablement à personne. Le malheur est que l'occupation, qui n'est pas méconnue en principe par le Code, n'est pas possible en fait sur les biens immobiliers.

Dans quelles conditions un immeuble, une universalité peuvent-ils se trouver sans maître? Dans trois cas seulement : quand une succession est vacante ou en déshérence, quand le propriétaire est déclaré absent, quand il fait l'abandon volontaire de sa chose (1).

Or, dans la première hypothèse, l'art. 768 accorde à l'État non pas un droit de vacants ou un domaine éminent, mais un véritable droit de succession sur les biens de l'individu décédé sans héritier, droit

(1) Certains jurisconsultes reconnaissent une autre cause de vacance : c'est le cas où le lit d'une rivière non navigable ni flottable est desséché; ils en font une *res nullius*. Mais, même dans cette hypothèse, le droit d'occupation ne pourrait pas s'exercer, parce que la loi fait attribution du lit à certaines personnes déterminées (art. 563).

qu'il exerce après avoir obtenu l'envoi en possession, aux termes de l'art. 770.

Dans le second cas, les biens du déclaré absent sont dévolus à ses héritiers présomptifs au jour de sa disparition ou de ses dernières nouvelles, et, s'il n'a pas d'héritiers, à l'État, qui succède à leur défaut.

Enfin le propriétaire veut-il renoncer à sa propriété, la chose ne devient pas *res nullius*. Le maître aura beau déclarer qu'il n'entend plus posséder son domaine, il en sera toujours présumé propriétaire, lors même qu'il ne l'habiterait point ou qu'il en abandonnerait la culture ; il ne serait pas exempté, par exemple, de l'impôt foncier, en vertu de la loi de l'an VII. Il peut seulement, « si le produit de ses immeubles est insuffisant pour acquitter la contribution, les abandonner au profit de la commune où ils sont situés (1). »

Ainsi la loi, prévoyant nommément tous les cas possibles, s'oppose à l'abandon des immeubles par vacance ou *pro derelicto*. Donc l'occupation des immeubles ne peut avoir lieu sous l'empire du Code (2), même en dehors de l'art. 713.

Que devient donc, dès lors, cette disposition, et à

_____

(1) Loi du 3 frimaire an VII, art. 65 et 66.

(2) C'est ce qui a été formellement déclaré au Corps législatif par M. Siméon (séance 29 germ. an XI); et cette règle fait l'objet d'une disposition expresse dans plusieurs législations qui se sont modelées sur la nôtre : « Les immeubles qui par leur nature n'ont » pas de maître appartiennent à l'État; les biens meubles appar- » tiennent au premier qui s'en empare... » (*Code civil de la Bolivie*, art. 602).

quoi sert-elle? Elle ne crée pas au profit de l'État une propriété directe sur tous les biens, puisqu'il n'est qu'héritier des vacants, titre dont il n'aurait pas besoin s'il en était propriétaire de plein droit ; mais elle peut cependant s'expliquer.

Cet article ne s'applique pas aux biens qui pourraient devenir vacants par la suite : c'est impossible ; il a trait à ceux qui n'auraient jamais eu de maîtres. Lorsque le législateur eut aboli les abus de la féodalité, il se trouva des biens qui, en réalité, n'avaient pas de possesseurs : c'étaient ceux qui n'appartenaient ni aux particuliers ni aux communes. Dans l'ancien droit, ils auraient été la propriété des seigneurs : tels étaient les terrains vagues, les forêts et, en général, toutes les terres restées incultes. On déclara qu'elles appartiendraient à l'État, pour éviter les désordres et les violences que le droit du premier occupant aurait pu faire naître ; de telle manière qu'à l'heure qu'il est, cet art. 713 peut se traduire ainsi : « Les biens qui » n'appartiennent ni aux particuliers ni aux éta- » blissements publics sont les biens de l'État, » et il ne peut signifier autre chose. Le mot *biens*, que le législateur a pris soin d'employer au lieu de l'expression *choses*, semble désigner spécialement les immeubles ou les universalités dans les articles 713 et 530, laissant intacte l'occupation des objets mobiliers ; et, dans ces deux dispositions, les auteurs du Code civil n'ont pu poser qu'un brocard destiné à substituer à celui du droit féodal

« nulle terre sans seigneur, » la maxime « nulle terre sans propriétaire. »

26. — Puisque nous avons déterminé la nature des objets auxquels s'applique l'occupation, et trouvé la raison juridique qui empêche l'occupation des immeubles, divisons le sujet qui nous reste à examiner.

Nous distinguerons dans cet examen cinq classes de choses *nullius*. La première comprendra celles qui, comme la mer, ne sont pas susceptibles en entier de propriété privée.

Une seconde division traitera des objets dont le caractère n'est pas douteux, comme le gibier, qui est sans réserve la propriété du premier occupant.

Viendront en troisième lieu les choses qui n'ont pas de maître, mais qui en ont eu un : les objets abandonnés.

La quatrième catégorie comprendra les choses dont le maître est présumé ne pas exister : le trésor.

Et enfin, en cinquième lieu, nous passerons en revue la législation des objets dont le maître existe encore, mais est inconnu : les épaves.

I.— DES CHOSES INSUSCEPTIBLES DE PROPRIÉTÉ PRIVÉE.

27. — L'air, l'eau, la lumière ne peuvent, par leur nature, être la propriété d'un seul. La raison en est double : d'abord, ces objets sont immenses en étendue, infinis par rapport à l'homme, qui seul peut avoir des droits, et, par suite, insusceptibles de sa domination : *Occupatio non procedit, nisi in re terminata* (1). Comment rendrait-on cette occupation effective ? comment la possession pourrait-elle s'établir ? où planter des bornes en pleine mer ? comment s'acquiert le domaine de l'air, puisque sa quantité même est inconnue, et que l'homme n'a jamais pu sonder l'épaisseur de l'atmosphère où il vit ?

D'autre part, l'occupation, quand elle peut s'exercer sur une portion de ces infiniment étendus, ne laisse point de trace. Un peuple ne marque pas l'air qu'il respire ; si les vaisseaux sillonnent un moment les ondes, la vague vient effacer aussitôt cette légère marque de servitude, et la mer reparaît telle qu'elle fut au jour de sa création (2). Le travail de l'homme ne peut pas, comme sur les objets qui sont à sa portée, imprimer une marque de fabrique ou le cachet de propriétaire. Tout disparaît.

Tels sont les deux motifs matériels pour lesquels les choses infinies ne peuvent être en général occupées : immensité, absence de traces. Que si, par suite d'un état naturel ou par le fait de l'homme, l'objet perd l'un de ces caractères, la propriété possible ou apparente pourra se fixer, et s'ensuivront toutes ses conséquences.

C'est ce qui a lieu pour l'air et pour l'eau. Il peut

(1) Grotius, *de Jure belli ac pacis*, II, II, § 3.
(2) Mme de Staël, *Corinne*, ch. IV.

arriver en effet que l'étendue soit restreinte soit
en fait, soit par convention. L'air n'est pas appro-
priable, c'est vrai; et quoique les lois admettent
que le propriétaire du sol est propriétaire du
dessus, on ne peut point prétendre à un droit absolu
sur cette pyramide infinie qui a son sommet au
centre de la terre, et dont les côtés passent par les
limites de notre champ; et ce serait folie de vouloir, sous ce prétexte, empêcher un aéronaute de
passer sur nous en ballon. Il n'en est pas moins
vrai cependant que l'air appuyé sur notre terrain
est à nous jusqu'au point où notre droit peut se
manifester, et qu'il y aurait une atteinte portée
à notre propriété de la part de celui qui, d'une
façon ou d'une autre, se permettrait de stationner à une petite distance du sol pour surveiller
notre vie privée dans un endroit clos; ou encore
de celui qui mélangerait à l'air voisin de notre terrain les émanations insalubres ou incommodes
d'un établissement quelconque. Ce serait une véritable violation de la propriété, parce que la partie
de l'atmosphère qui avoisine la terre en est comme
l'accessoire et en suit le sort.

Nous dirons de même de la partie de l'Océan
qui avoisine les côtes d'une nation. Sans doute la
propriété n'est pas réelle ; mais il y a là une espèce
de fiction, de convention qui fait considérer cette
portion non détachée comme un accessoire du sol
voisin, et qui en fait une chose susceptible d'un
droit exclusif.

De là les principes qui déclarent le rivage do-

maine public, parce qu'il est une portion circonscrite et déterminée de cette *res interminata* qui, par
sa nature, n'appartient à personne.

Et, à plus forte raison, en sera-t-il ainsi quand il
s'agira d'une portion de mer renfermée entièrement ou presque entièrement dans les terres d'un
ou de plusieurs États qui pourraient y exercer une
possession effective. Les autres puissances ne pourront donc s'en servir qu'avec l'agrément de la nation riveraine, et suivant les termes des conven-
tions : principe consacré entre autres dans le droit
moderne pour les passages de la mer Noire (1).

Ainsi donc, l'appropriation est possible dans ce
cas, soit parce qu'il y a possession réelle, comme
celle d'une mer morte, d'un lac; soit parce qu'il y
a possession accessoire, comme celle des bords de
la mer, des rivières. Elle sera possible aussi quand
l'homme aura pu, par artifice, marquer sur ces objets
ou sur leurs parties les traces de son occupation
soit individuelle, soit collective.

Lorsque je vais puiser à la source commune une
certaine quantité d'eau, ce liquide que j'ai mis dans
un vase m'appartient désormais : c'est que j'ai
marqué ici mon droit exclusif. L'étendue de l'objet
qui m'appartient est déterminée, mais elle est en
outre marquée et parfaitement définie. J'ai un
litre, deux litres d'eau, non pas deux litres pris
dans le genre, mais deux litres *in specie*, ceux qui

_____

(1) Traité de Londres du 13 juin 1841. — Traité du 30 mars 1856,
entre la France et la Russie, 1re annexe.

sont dans mon seau: le fait de mon occupation a laissé des traces.

De même, quand, par des procédés chimiques, je me suis emparé de tant de grammes d'air pour en former tel ou tel corps, ma possession est efficace et réelle: cet air est à moi. J'ai puisé dans l'infini, mais j'ai saisi une portion finie; d'une chose commune j'ai tiré un objet *nullius,* qui m'a ensuite appartenu par occupation. Donc j'en suis propriétaire, et c'est commettre un vol que de prendre dans le seau l'eau que j'y aurai mise, ou dans la cloche l'oxygène que j'y aurai emprisonné (1).

Il y aura, par conséquent, des hypothèses dans lesquelles l'occupation des choses communes sera efficace et la propriété possible. Il faut donc étudier la législation des objets de ce genre pour connaître les limites apportées par les règles positives au droit naturel de l'occupation.

§ 1er. — *La mer ; pêche maritime ; sel marin.*

28. — La mer est, après l'air, la chose la moins susceptible de propriété. Elle est insaisissable, relativement infinie, et nul homme, nulle nation ne peut se prétendre propriétaire de l'océan qui baigne tous les continents. Aussi la prétention des peuples qui se sont dits quelquefois les maîtres de la mer a-t-elle été toujours considérée comme le rêve

(1) *Conf.* Pothier, *Propriété*, n° 80.

irréalisable d'une ambition ridicule. Mais, s'il est vrai que nul ne peut exercer sur la mer entière une véritable possession, nous venons de voir pourquoi toute nation baignée par l'eau possède, dans son domaine public, les rivages et même une partie de l'océan, en y exerçant non pas un droit direct de propriétaire, ce qui serait impossible, mais en empêchant les autres nations d'y venir et d'y faire circuler leurs vaisseaux. Quel est donc, d'après le droit international, l'étendue de cette prohibition ? quelle en est la cause ?

La cause, c'est le droit pour chaque peuple, comme pour chaque individu, de se mettre en état de défense et d'empêcher l'étranger de violer la sécurité de son commerce et de son existence même. De là dérive ce privilége d'interdire aux navires étrangers la navigation jusqu'à une certaine distance des côtes, et celui d'ouvrir asile, dans cette limite, aux bâtiments que la nation voudra protéger contre une poursuite ou des attaques qui ne pourraient s'exercer sans violer le droit des neutres.

Cette limite de la souveraineté est, du reste, suffisamment définie de nos jours. Autrefois, la jurisprudence avait varié et donné des solutions peu précises, comme celle qui consistait, d'après Vaslin (1), à fixer les bornes de la possession au point où la sonde ne prendrait plus fond. Aujourd'hui, du consentement général, la juridiction s'étend jusqu'à la distance où le canon peut envoyer un

(1) Sur l'ordonnance de 1631.

projectile : le droit finit donc là où le boulet perd son action (1).

Deux considérations puissantes ont, au surplus, dicté cette exception au principe de la liberté des mers : l'une se tire de ce que chaque nation peut s'approprier ce qui n'appartient à personne ; l'autre, de ce que, près des rivages, la mer est très-susceptible de propriété, soit pour la pêche, soit pour l'extraction du sel, etc. ; aussi, en dehors de ce cas (celui où la mer est circonscrite réellement ou par convention), il n'y a plus qu'une *res communis* dont la propriété n'est à personne.

29. — La première conséquence à en tirer, c'est que le droit de *pêche* y est ouvert à tous.

Cette vérité, longtemps obscurcie en France par la féodalité, ressort entière de l'ordonnance de 1681, consacrant le retour à la législation romaine (2) : « La pêche de la mer est libre et commune à tous les Français, et ils peuvent la faire tant en pleine mer que sur la grève, avec les filets et engins permis par les lois. » La règle est restée la même jusqu'à notre législation actuelle en ce qui concerne la pêche maritime, sauf les modifications de détail.

La pêche maritime proprement dite, ou *grande pêche*, se distingue, au reste, de la petite pêche ou *pêche côtière*. La première, qui s'exerce dans les mers lointaines, est telle par sa nature, que les lois civiles ne s'y appliquent pas. Le droit des gens

(1) Vattel, § 289 ; décret de l'empereur de Russie du 31 décembre 1787, art. 2.
(2) Institutes, *de rer. div.*, 1.

intervient seul pour régler les prétentions des différents États qui peuvent se trouver en conflit relativement aux questions de préférence entre les pêcheurs pour les localités à occuper.

C'est ainsi qu'un décret du 2 mars 1852 réglemente les pêches de la morue qui s'exercent dans les parages de Terre-Neuve, et déclare que les différentes places à occuper par les pêcheurs seront déterminées par un tirage au sort.

Les autres lois qui ont trait à cette pêche concernent les encouragements nécessaires pour en entretenir l'industrie, en raison des dépenses énormes qu'elle exige et des dangers qu'elle présente.

Quant à la pêche côtière, quoique moins importante, elle mérite à plus d'un égard l'attention du législateur. Cette industrie occupe en France un nombre considérable de personnes, et fournit à l'armée, par l'inscription maritime, un de ses éléments les plus puissants. De plus, sa production est énorme et d'une immense utilité économique.

En outre, par suite de son lieu d'exercice, qui est la portion de la mer susceptible de propriété, elle est soumise à des prescriptions particulières différentes de celles qui régissent les grandes pêches, lesquelles s'exercent sur une scène neutre et libre à tous.

L'État, qui devrait, suivant la logique des principes, posséder le droit de pêche sur les côtes, puisqu'elles sont dans son domaine public, comme les fleuves et les rivières navigables, a, sur ce point, abandonné ses prérogatives et laissé la liberté complète de la pêche en mer. On peut donc dire que, sauf quelques prohibitions d'engins nécessitées dans un but de conservation du poisson, la pêche côtière est libre sur tous les rivages de France.

La seule atteinte portée à cette permission résulte du voisinage de l'Angleterre et d'une convention qui règle les limites de la pêche aux huîtres entre Jersey et le continent (1). Cette pêche spéciale est aussi interdite à certaines époques de l'année pour favoriser la reproduction (2).

—Les contraventions à la police de la pêche en mer sont constatées par les commissaires de l'inscription maritime, officiers, inspecteurs, gardes, etc. Elles sont de la compétence du tribunal correctionnel du lieu de l'infraction, ou du port auquel appartient le bateau pour les délits commis en mer. Les amendes sont perçues au profit de la caisse des invalides de la marine (3).

Pour les contestations et difficultés entre pêcheurs, les côtes de la Méditerranée reconnaissent la juridiction des conseils de prud'hommes pêcheurs, dont la création date, à Marseille, de l'année 1452. Partout ailleurs, la compétence appartient aux tribunaux civils.

30. — Comme l'eau de la mer dont il est extrait,

(1) Traité du 2 août 1839.
(2) Loi du 9 janvier 1852.
(3) Loi du 9 janvier 1852, art. 23.

le *sel* est une de ces choses qui n'appartiennent à personne, et dont chacun peut s'emparer et user, suivant la condition de l'art. 714; mais des lois de police nombreuses apportent des restrictions au droit qui est à tous de le fabriquer et de le transporter.

Ces lois sont édictées dans un double but : 1° en raison de l'emploi considérable que l'on fait journellement de cette substance soit pour l'alimentation, soit pour les besoins de l'agriculture et de l'industrie, il fallait en assurer l'approvisionnement aux localités éloignées des centres d'exploitation, et en empêcher la falsification; 2° le législateur a profité de ces besoins pour créer un impôt, soit en réservant à l'État le monopole de la vente et de la fabrication, ce qui avait lieu dans le droit des gabelles et greniers à sel, soit en frappant cette substance d'une taxe de consommation, ainsi qu'elle existe depuis la Révolution.

Les lois de police ont enfin un autre objet, celui de régler les conditions de propriété et d'exploitation des marais salants, salines, puits d'eau salée et mines de sel.

Établi en 1315 sous le nom de *gabelle*, l'impôt du sel avait été perçu à différentes époques déjà, même du temps de saint Louis (1), en 1246, mais d'une façon irrégulière. Philippe de Valois est le premier qui l'ait rendu général en établissant le

---

(1) Anquetil, *Histoire de France*, t. I, p. 115.

grenier à sel (1), qui resta, comme juridiction, ressortissant de la Cour des aides, jusqu'à notre réorganisation judiciaire.

Ses successeurs ne manquèrent pas de maintenir une taxe aussi productive, et l'entourèrent de précautions pour en assurer le recouvrement, ainsi qu'il résulte de l'ordonnance de 1359 (2), édictée pendant la captivité du roi Jean, pour obtenir sa rançon. Au surplus, la gabelle ne figura presque toujours dans la législation financière qu'à titre provisoire, en qualité de subside public.

Le vrai Code de la matière dans l'ancien droit est l'ordonnance de Louis XIV, *des gabelles* (3), divisant la France en six régions pour la perception de la ferme des sels : législation dure et vexatoire, qui fit naître mille moyens d'éluder la loi : de là l'établissement de peines très-rigoureuses contre la contrebande, et une complication de procédés et de dispositions sévères qui ne devaient tomber qu'en face de la Révolution. La réforme fut radicale ; après avoir été transformée par la loi du 21 mars 1790 en impôt direct sur les salines, la taxe du sel fut abolie en 1791, avec tous les impôts indirects. Mais la spéculation tira vite partie de cette liberté complète, car la loi du *maximum* (4) dut frapper la vente et l'exploitation des sels.

(1) Ordonnance du 20 mars 1312.
(2) *Impositions et gabelles octroyées par les Estats de Languedoc*, tenus en 1359. — Voy. *Instructions faites pour le sel*, art. 4 (24 déc. 1360).
(3) Mai 1680.
(4) 23 septembre 1793.

Le droit actuel date de 1806, de la loi du 24 avril, qui rétablit à titre *provisoire et temporaire* l'impôt qui a toujours subsisté depuis. Il frappe tous les sels, de quelque nature qu'ils soient, naturels ou artificiels, excepté ceux qui sont destinés à la pêche pour la salaison, en mer, de poissons déterminés dans la loi, et les sels qui servent à l'alimentation des bestiaux, pour lesquels une modération est accordée par la loi du 17 juin 1840. En dehors de ces deux exceptions, l'occupation du sel est restreinte par différentes dispositions relatives à la fabrication, à l'enlèvement, à la circulation et à l'emploi. Il ne pourra être établi, dit l'art. 51 de la loi de 1806, aucune fabrique, chaudière de sel, sans une déclaration préalable, à peine de confiscation des ustensiles. Les usines à sel sont placées, par la loi du 14 janvier 1815, dans la troisième classe des établissements dangereux, incommodes ou insalubres.

En ce qui concerne l'enlèvement et le transport, c'est l'ordonnance des 7 mars-15 avril 1841 qu'il faut consulter. Elle dispose que les eaux salées et matières salifères ne peuvent être transportées qu'à la destination d'une fabrique régulièrement autorisée, ou pour un emploi en franchise pour l'agriculture et les salaisons. Quant aux sels eux-mêmes, ils ne peuvent être transportés qu'accompagnés d'un congé, d'un acquit-à-caution, ou d'un passavant ; en cas de contravention, on confisque la marchandise, et avec elle tous véhicules et bêtes de somme ayant servi au transport (1).

(1) Art. 10 de la loi du 17 juin 1840.

Pour l'emploi des sels délivrés en modération des droits ou en franchise, les règles sont écrites dans les décrets sur la pêche maritime (1) et l'ordonnance du 2¼ février 1846 portant réduction de droits pour les sels destinés à l'alimentation des bestiaux. Elles ont pour but d'empêcher les fraudes et l'emploi pour la consommation des sels déchargés de la taxe.

31. — Nous n'avons pas à traiter ici des sels tirés des mines, puits et sources, qu'il ne faut pas confondre, au point de vue légal, avec le sel tiré de la mer. Celui-ci n'appartient à personne, et devient le bien de celui qui s'empare de l'eau qui le contient pour en opérer l'évaporation. L'autre, au contraire est assimilé aux produits des mines et carrières (2), parce qu'il fait partie de la fortune privée, comme étant une portion intégrante du sol, au même titre que tous minéraux qui y sont contenus. L'occupation n'entre donc pour rien dans l'acquisition de cet objet.

§ 2. — *Cours d'eau. Propriété des petites rivières.*

32. — Le droit romain assimile à l'eau de la mer (*supra*, n° 17) celle qui coule dans les rivières, et la range dans la catégorie des choses communes. En droit français, la question n'est pas tranchée par les textes pour tous les cours d'eau,

(1) Décret du 11 juin 1806, tit. III; — Ord. du 30 oct. 1816,
(2) Loi du 21 avril 1810; — Ord. de 1841, art. 2,

et présente une grave difficulté en ce qui touche les rivières non navigables ni flottables.

Pour les grandes rivières et les fleuves, la controverse n'a pas lieu : car ces choses font partie du domaine public de l'État, et leur usage est commun à tous, absolument comme celui des routes, des rivages, etc.

Mais certains auteurs rangent dans la classe des *res nullius* les cours d'eau non navigables ni flottables, appelés aussi petites rivières. Cette question, qui se rattache intimement à l'occupation, puisqu'il s'agit de savoir s'il y a là un propriétaire ou si, au contraire, on a affaire à une chose commune, demande un examen complet.

Quatre systèmes, au surplus, se partagent la solution de cette controverse. Des deux premiers, aujourd'hui généralement rejetés, l'un fait de la rivière une portion du domaine public (1), contrairement à la formule précise de l'art. 538; l'autre, distinguant entre le lit et le cours de l'eau, accorde celui-là aux riverains, et considère l'autre comme une des choses énoncées en l'art. 713, dont la propriété n'est à personne et dont l'usage est commun à tous (2). On combat cette dernière théorie par l'art. 552 du Code civil, lequel déclare que la propriété du sol emporte la propriété du dessus, et par le bon sens lui-même, qui nous montre l'eau et

(1) Proudhon; Laferrière, *Droit adm.*, p. 135.
(2) Duranton, t. V, n° 298; Garnier, *Régime des eaux*, n°° 2 et suiv.

le tréfonds qui la supporte comme un tout unique et inséparable.

Les deux autres opinions sont plus sérieuses. L'une, qui est celle de la Cour de cassation et du Conseil d'État (1), regarde la rivière tout entière comme une *res nullius*, et s'appuie sur les arguments suivants :

D'abord, dit-on, les cours d'eau dont il s'agit devinrent, dans l'ancien droit, par l'établissement de la féodalité, la propriété des seigneurs hauts justiciers. Cette propriété leur est restée jusqu'en 1789, époque où elle passa à l'État, mis par la nuit du 4 août au lieu et place de ces seigneurs. Qu'arriva-t-il lors de la rédaction du Code? On retira à l'État la propriété des rivières, mais on ne la donna à personne. Donc, n'étant ni à l'État ni aux particuliers, elle est dans le domaine commun (2).

Et la preuve, c'est que, toutes les fois que le législateur veut accorder aux riverains un droit quelconque sur ces cours d'eau, il a soin de le faire nommément et expressément : témoin l'art. 561 qui accorde aux riverains le droit aux îles, l'art. 644 qui leur accorde l'usage de l'eau, la loi de 1829 pour le droit de pêche.

Et une conséquence, c'est que, par l'art. 563, le même législateur a pu donner à titre d'indemnité l'ancien lit d'une rivière aux propriétaires des fonds nouvellement occupés par le cours d'eau qui a

(1) Cass., 8 mars 1865; 6 nov. 1866. — Conseil d'État, 13 août 831; 18 avril 1866.
(2) V. Demolombe.

changé de lit. Comment aurait-il pu disposer d'une chose privée, et dépouiller le propriétaire au profit d'un tiers qui non-seulement acquerrait cet ancien lit, mais encore conserverait le nouveau qui est sur son terrain ?

Enfin comment peut-on soutenir que l'eau courante, si fugitive, est susceptible de propriété privée ? n'est-elle pas comme l'air que nous respirons, comme le vent qui passe ? or qui jamais a tenté de s'en dire le maître (1) ?

La rivière est donc *res nullius* par sa nature, comme elle l'est par la loi.

Ces trois premiers systèmes n'ont été admis par aucune législation. La quatrième opinion, qui consiste à soutenir que la rivière appartient aux riverains, a passé au contraire dans tous les Codes contemporains. Ainsi en est-il en Angleterre (2), en Italie (3), en Espagne (4) et dans le droit russe. Le droit polonais reconnaît la propriété des riverains (5), et le Code général de la Prusse accorde une indemnité à ces derniers quand un décret déclare qu'un cours d'eau fait partie du domaine public, ce qui confirme bien leur droit exclusif (6).

Cette opinion nous paraît aussi la plus conforme

(1) Merlin, v° *Cours d'eau*, § 1, p. 728; *Rép.*, v° *Bief*.
(2) Woolrich, *Law of waters*, Londou, 1830, ch. VII.
(3) Romagnesi, *della condotta delle acque*.
(4) Fuero 36, *rub. de servitutibus*.
(5) En 1828, le gouvernement ayant décidé de rendre navigable la rivière la Kaimonna, les riverains durent être expropriés et reçurent une indemnité (L. votée par la diète de 1820).
(6) Code général de Prusse, part. II, t. XVI, §§ 38 et suiv.

au droit civil français, ainsi que nous allons l'établir en combattant la doctrine des rivières *res nullius*.

33. — A Rome, malgré un texte des Institutes, il semble qu'on reconnaissait deux sortes de rivières : celles qui appartenaient à tous, ou *flumina publica*, et celles qui étaient la propriété des riverains. Les jurisconsultes le disent partout : *Flumina quædam publica, quædam non publica* (1). *Flumina pene omnia et portus publica sunt* (2). *Nihil differt a cæteris locis flumen privatum* (3) ; d'où Boerius déduit que les eaux non navigables qui traversent une propriété sont le bien du propriétaire, qui peut en disposer à sa guise : *Domini sunt illius et facit de his quod vult* (4).

Enfin il résulte de la loi 0, au Digeste, *finium regundorum*, que si une rivière privée sépare deux propriétés, il y a lieu à l'action en bornage dans le cours d'eau lui-même, ce qui prouve bien que tout au moins le lit appartient aux particuliers ; autrement les immeubles seraient bornés par le cours d'eau, qui ne serait à personne : *Sed si rivus privatus intervenit, finium regundorum agi potest.*

Cette théorie du droit romain a passé dans l'ancienne jurisprudence. C'est ainsi qu'aux premiers temps de la monarchie française les Formules de Marculfe nous représentent les cours d'eau comme

(1) L. 1, Dig., § 3, *de fluminibus.*
(2) L. 1, *de divisione rerum.*
(3) L. 1, § 1, *de fluminibus.*
(4) Boerius, dec. 352, n° 4.

faisant l'objet de transactions, ce qui démontre qu'ils étaient la propriété de certaines personnes. Toutes les formules de vente, d'échange, de concession, portent ces mots : *cum aquis, aquarumve cursibus* (1). Cette théorie était même acceptée par l'autorité royale, puisqu'on trouve cette mention dans un acte d'administration du VIIe siècle, destiné à remplacer pour un particulier des titres détruits dans un incendie (2).

Les Formules angevines, qui sont encore plus décisives parce qu'elles semblent avoir été prises sur des actes réels, contiennent toutes la clause ordinaire : *aquas, aquarumve decursus.*

Dans une donation de l'an 925, rapportée par Baluze (3), un particulier nommé Élidelindis « cède à Dieu et à Saint-Julien trois petits domaines » avec *eaux, eaux courantes*, etc. »

Tel était l'état de la question avant la féodalité.

Les usages féodaux, qui s'implantèrent en France à partir de l'an 877 (4), ont-ils changé quelque chose à cette jurisprudence? rien ne le prouve; la propriété des petites rivières est restée aux particuliers, et, si parfois elle a passé à certains seigneurs hauts justiciers, les écrits de cette époque montrent que ce n'était pas la règle, mais au contraire une

(1) Marculfe, liv. I, formules XIII, XIV et suiv.
(2) Sirmond, f. 27, trad.
(3) Baluze, t. II, p. 1531.
(4) Capitulaire de Charles le Chauve, qui reconnaît aux fils le droit de succéder dans les fiefs.

rare exception, d'autant moins concluante que rien
ne prouve que la propriété de ces seigneurs sur les
rivières n'était pas un droit privé, un droit de riverain et de particulier, plutôt qu'une conséquence de
la qualité de haut justicier.

Les textes les plus imposants à cet égard sont
les recueils des *Olim*, ou arrêts rendus par la Cour
du roi, remontant jusqu'à 1254. Sept de ces arrêts
ne laissent aucun doute à cet égard, et portent
précisément sur des différends de propriété relatifs
à ces cours d'eau. C'est ainsi qu'on y voit, au tome I,
p. 193, n° 13 : prétention au droit de pêche par
les habitants de Pierrepont, dans le cours d'eau
qui alimente le moulin de Bransicort, et qui *appartient* au prieuré de Chantrus; — p. 931, n° 21 :
eau courante reconnue commune entre le roi et le
plaignant, auquel le bailli royal défendait de pêcher:
intellecto quod aqua est communis regi et sibi ; —
procès entre le prieur de Longy et le chevalier de
Paley sur la propriété de l'eau et de la rivière,
aqua et riparia, du moulin de Closelle; — droit
de pêche des hommes de Montatière et Tiverniac
dans le cours d'eau qui descend des moulins de
Saint-Loup et de Saint-Léonard, lequel cours appartient au couvent de Saint-Léonard; — demande
en bornage d'une portion du cours de la Somme,
et plainte contre l'abbé de Gay à raison d'une trop
grande élévation donnée à ses écluses; — plainte
et droit reconnu de l'abbé de Cluny, à l'occasion
de troubles apportés par les gens du roi à la jouissance d'une écluse et d'un moulin; — procès-verbal

entre deux possesseurs de moulins, le premier se
plaignant de ce que l'établissement du second *in-
debite impediebat solitum cursum aquæ* (1).

Ce n'était pas seulement la décision de la jurisprudence, c'était encore l'opinion des auteurs.
Bouteiller, qui vivait sous Charles VI, écrit dans
sa *Somme rurale :* « Si est à savoir que toutes les
» grandes rivières courantes parmi le royaume
» sont au roi notre sire, et tout le cours de l'eau et
» les tient-on comme chemins royaux... » C'est
l'idée de Pascal : « Les rivières sont comme des
» chemins qui marchent et portent où l'on veut
» aller. » Mais encore s'agit-il de rivières qui peuvent porter, donc navigables. Quant aux petites
rivières « qui ne portent point de navire, ajoute
Bouteiller, elles sont aux seigneurs parmi qui
terres et seigneuries elles passent, » non pas, re-
marquons-le, en leur qualité de justiciers, mais
en tant que riverains et propriétaires.

Lebret, *Traité de la souveraineté :* « Les rivières
» qui ne sont pas navigables appartiennent *en pro-
» priété* aux seigneurs des terres qu'elles arrosent.»
Du reste, Guyot (2) indique assez que c'est une
propriété privée : « Je tiens avec Chopin, et je puis
» dire avec Coquille et Lebret que les petites ri-
» vières, les cours d'eau appartiennent *en pro-
» priété* aux seigneurs féodaux, si les textes des

(1) Recueil des *Olim*, t. I, 285, 10; 385, 4; 431, 6; 589, 13;
930, 19.
(2) *Traité des fiefs*, 3, 669.

» Coutumes ne les donnent pas au moyen et haut
» justicier... »

Ce dernier, toutefois, pouvait avoir la propriété,
mais à titre de particulier, et non comme maître du
domaine public. « Le seigneur *justicier*, ajoute le
» même Guyot (1), peut avoir la police des eaux ;
» mais la propriété, qui emporte droit de moulin
» et de pêche, appartient exclusivement au *féo-*
» *dal* (2). »

Donc la règle était pour la domanialité privée.

L'opinion de Loyseau était la même : *Sunt domi-*
nii privati; et enfin Bacquet (3) dit formellement
que les petites rivières « qui ne sont ni navigables
» ni flottables appartenant à des particuliers, soit
» seigneurs, soit autres personnes, toutes, ainsi
» que les héritages propres, le roi ni les seigneurs
» hauts justiciers n'y ont plus de droits que sur
» un autre héritage appartenant à des particu-
» liers. »

Il n'y a pas jusqu'à Pothier, qu'on invoque quelquefois contre ce système, qui n'y soit un moment
favorable : « A l'égard des rivières non navigables,
» elles appartiennent aux différents particuliers
» qui sont fondés en titres ou possessions pour
» s'en dire propriétaires dans l'étendue portée par
» leur titre ou possession (4). » Comment pour-

(1) *Traité des fiefs*, t. VI, *Rivières*, nos 2 et 3.
(2) Conf. Henriquez, *Code des seigneurs*, t. I, p. 250.
(3) *Droits de justice*, XXX, n° 23.
(4) Pothier, *Droit de propriété*, n° 53.

rait-il être question de titre ou de possession s'il ne s'agissait pas d'une propriété privée ?

Du reste, nous n'avons voulu tirer de cet aperçu historique que deux profits : nous en concluons d'abord que les rivières peuvent être la propriété des simples particuliers, parce qu'elles l'ont été tout au moins aux yeux des jurisconsultes. En second lieu, il est établi qu'à la date de 1789 les riverains étaient en droit, sinon partout en fait, propriétaires des petites rivières.

34. — Le droit intermédiaire, partant de ce principe faux que les eaux courantes ne peuvent être la propriété d'un seul, jette les petites rivières dans le domaine public de l'État, à l'égal des fleuves (1).

Mais cette législation n'existe plus ; et, par des motifs indifférents à la controverse, aucune disposition tendant à exclure les rivières de la propriété privée n'a passé dans le Code civil. Comment alors la question se pose-t-elle, et dans quelle situation le législateur s'en est-il emparé ?

Nous venons de voir les riverains dépouillés de leur droit par les lois de 1790-1791. Ces lois ont été abrogées. Par conséquent, les riverains, possesseurs de la propriété comme auparavant, se trouvent défendeurs dans l'espèce. Ils sont dans les conditions d'un détenteur qui a gagné son procès au possessoire. Celui-là n'a aucune preuve à faire ;

(1) Loi 22 nov.-1er déc. 1791, art. 1. — Discours de M. Arnoult, député de Dijon, 23 avril 1791.

il est présumé propriétaire : c'est à l'adversaire à
fournir un titre pour l'évincer.

Nos contradicteurs doivent donc nous opposer
un titre, c'est-à-dire un texte : c'est à eux à faire
la preuve de ce qu'ils avancent, car la loi survenant
s'est emparée de l'état de choses existant à sa
venue, et, pour le changer, il fallait des dispositions
formelles. Voyons donc quels titres produisent ceux
qui combattent notre opinion.

Le premier système, celui qui consiste à mettre
la rivière dans le domaine public, loin de nous
opposer un texte, ne s'appuie lui-même que sur
des raisons facilement combattues par des dispositions précises.

Quant au second, il est conforme au nôtre à ce
point de vue, puisqu'en principe il admet la propriété des riverains, sauf exception pour le cours
de l'eau qui ne serait pas susceptible de propriété.

Reste le troisième système : mais celui-ci a, plus
que tout autre, besoin d'un texte pour renverser
notre édifice. Que soutient-il en effet ? que les
rivières n'appartiennent à personne, c'est-à-dire
qu'il les soustrait à la règle commune pour les faire
tomber dans une exception des plus étroites.

— Au surplus, cette objection a besoin d'être
développée. Dans toutes les législations, et surtout
dans la nôtre, le principe général est que toutes
choses sont susceptibles de propriété; mais, pour
certaines raisons relatives ou absolues, les lois ont
dû faire des distinctions et créer ou reconnaître
d'autres situations par des textes d'exception : de

là la domanialité publique ; de là les choses communes réglementées par les lois particulières. Or,
précisément parce que ces choses publiques ou
communes sont des exceptions, il fallait les déterminer et les réglementer à part par des dispositions spéciales. Est-ce que cette raison n'établit pas
de nouveau pour nous la position de défendeur,
puisqu'il s'agit de savoir si nous sortons, oui ou non,
du droit commun ? Donc c'est à nos adversaires
du système *nullius* à prouver contre nous pour
deux motifs : 1° parce que nous sommes possesseurs de par le fait ; 2° parce que nous sommes
défendeurs de par le droit. Le font-ils ? indiquent-
ils seulement un article qui modifie la jurisprudence antérieure ou qui fasse naître une exception ?
Non, c'est gratuitement que les partisans de la
théorie du domaine commun mettent les petites
rivières dans la classe des *res nullius*.

Sur ces *res nullius*, ou choses n'appartenant à
personne, il existe très-peu de documents législatifs.
L'art. 714 dit à cet égard « qu'il est des choses qui
n'appartiennent à personne et dont l'usage est commun à tous. Des lois de police règlent la manière
de s'en servir. » Qu'on trouve donc une loi spéciale
s'appliquant aux petites rivières, en tant qu'elles
seraient *res nullius*? aucune n'existe. Donc, si l'on
soutient un tel système, contraire à ce qui existait
avant nos lois contemporaines, et à ce qui est la
règle chez nous, ce n'est pas en s'appuyant sur
quelque article précis qui modifie l'état antérieur
de la législation, ou qui établisse la règle particu-

lière ; donc on ne prouve rien, et nous restons, nous propriétaires riverains, maîtres de ces rivières, parce que nous l'avons toujours été, et que rien n'autorise à dire qu'on nous a enlevé cette propriété.

35. — Nous aurions donc gagné notre procès. Mais, non content de montrer qu'on ne prouve rien contre nous, nous prouvons que certains articles du Code consacrent formellement notre droit. On peut même avancer que toutes les dispositions de la loi qui ont trait à la question, moins une peut-être, ne sont que les conséquences nécessaires du principe ici défendu.

C'est d'abord l'art. 561, qui donne aux riverains la propriété des îles dans les petites rivières, comme l'art. 537 leur donne l'alluvion, comme l'art. 560 donne ces îles à l'État dans les rivières et fleuves navigables, qui sont sa propriété, — par voie de conséquence.

C'est la loi du 14 floréal an XI qui met le curage des petites rivières à la charge des riverains, comme celui des fleuves est à la charge de l'État. C'est la loi des 15-24 avril 1829, art. 2, qui reconnaît à ces mêmes personnes le droit de pêche sur les cours d'eau dont il s'agit. On objecte, il est vrai, comme on le fait à l'égard des îles, qu'il n'était pas besoin d'accorder nommément au riverain une faculté qu'il a déjà, s'il est propriétaire. Mais la loi l'accorde bien aussi à l'État sur les rivières navigables : s'ensuivrait-il qu'il n'en est pas propriétaire ? En outre, cet argument n'a pas de force, parce qu'il s'agit là simplement d'une loi de police qui n'est pas faite pour établir un droit, mais pour en restreindre l'exercice ; autrement il faudrait demander aussi pourquoi la loi de 1844 reconnaît au propriétaire le droit de chasser sur son terrain, et conclure de cette loi qu'on n'a pas la pleine propriété des immeubles dont on est propriétaire, ce qui ne serait pas du bon sens.

C'est encore l'art. 644 du Code civil qui reconnaît au riverain le droit de se servir des eaux s'il est riverain des deux côtés, à la charge il est vrai de rendre à son cours ordinaire l'eau à sa sortie de ses fonds. Mais cette précaution n'est là que pour maintenir l'intégrité des droits des riverains inférieurs sur le cours de l'eau, droits non moins respectables que ceux du propriétaire du fonds situé au dessus.

C'est aussi le texte des lois de 1791 et du 3 frimaire de l'an VII qui exempte le lit des rivières de l'impôt foncier, — car si c'eût été une chose n'appartenant à personne, comme l'air, le fond de la mer, jamais on n'eût songé un instant qu'il pût être sujet à l'impôt, et c'eût été puéril de déclarer qu'il en est exempt.

Tous ces lois supposent reconnu le principe que nous admettons. Sans doute on objecte à ce raisonnement que la loi n'avait pas besoin de déduire toutes ces conséquences et de les indiquer une à une. Mais ne l'a-t-elle pas fait ailleurs? et faut-il se servir des dispositions qui manifestent un principe précisément pour le nier (1)? Le droit romain se donnait bien la peine de dire que les îles appartiennent aux riverains : est-ce à soutenir, pour cette raison, qu'ils n'avaient pas la propriété du lit de la rivière (2)?

Il est un article qui exprime formellement la règle admise par nous, et qui emploie le mot même de propriété : c'est l'art. 645, qui traite du conflit qui peut s'élever entre l'intérêt de l'agriculture et le respect dû à la propriété. Or, dans les contestations relatives aux cours d'eau, s'il est facile d'apercevoir le rôle que joue l'intérêt de l'agriculture au point de vue de l'irrigation, des moulins, même en faisant des rivières une chose vague, une *res nullius*, il est impossible d'expliquer ce que vient faire là le respect dû à la propriété ; car, quelque iniques que soient les décisions rendues, elles n'y porteront aucune atteinte, s'il n'y a là aucune propriété ni du cours d'eau, ni du lit, ni de la pente, ni de quoi que ce soit. Il faut donc ou rejeter le système que nous combattons, ou rayer cet article du Code.

36. — On oppose cependant un texte, l'art. 563, qui porte que « si un fleuve ou une rivière navigable ou non se forme un nouveau cours en abandonnant son ancien lit, les propriétaires des fonds nouvellement occupés prennent, à titre d'indemnité, l'ancien lit abandonné, dans la proportion du ter-

(1) Davier, *Traité des cours d'eau*, t. II.
(2) Instilutes, *de rer. div.*, 23.

rain qui leur a été enlevé. » Les commentateurs de
cet article disent qu'il s'explique, si l'on admet que
les riverains ne sont pas propriétaires ; dans le cas
contraire, il serait inique et spoliateur. Comment !
vous seriez propriétaire du lit, et la loi vous l'enlève sans indemnité, pour le donner à un propriétaire éloigné ? Il faut donc admettre que cette chose
n'est à personne, et que le législateur peut en disposer comme il l'entend. Et on nous met au défi d'expliquer cet article dans notre système.

L'expliquer nous semble difficile, parce qu'il est
logiquement inexplicable ; mais nous expliquerons
tout à l'heure pourquoi et comment il se trouve
dans notre Code. Ce que nous voulons faire tout de
suite, c'est le retrancher de la controverse.

On nous objecte en effet que, dans notre opinion,
cette disposition serait injuste et déraisonnable ;
que dira-t-on si nous démontrons qu'elle ne l'est
pas moins dans le système des *res nullius ?* Il faudra
alors l'ôter de la question, et ne plus en parler
davantage ; car deux valeurs égales peuvent se retrancher des deux membres d'une équation sans
porter atteinte à la recherche de l'inconnue. Or il
est certain que, dans un cas comme dans l'autre,
l'art. 053, écrit par le législateur dans un but
d'équité, est inique et absurde. Il suffit, pour le
voir, de le pousser à ses conséquences juridiques.

Un riverain est propriétaire d'une île dans une
rivière qui change de cours : il se trouve dès lors
enclavé par ce lit ancien qui ne lui appartient pas,
et obligé pour aller chez lui de payer une indem-

nité plus ou moins forte. Quoi de plus injuste quand, la veille, il pouvait circuler librement de son champ à son île! et quoi de plus déraisonnable que de le rendre victime d'un fait qui lui est étranger et qu'il ne pouvait pas empêcher?

Mais il y a mieux. Ce propriétaire a des immeubles des deux côtés de la rivière : il peut donc facilement circuler soit par bateau, soit sur un pont, de l'une de ses propriétés à l'autre. La rivière change de lit, et le tréfonds est attribué par la loi de l'art. 563 à un tiers propriétaire. Primus, qui n'est pas enclavé, ne peut plus, sous aucun prétexte, traverser l'intervalle de quelques mètres qui sépare ses bâtiments de ses champs (1). Qu'on suppose alors, ce qui n'est pas invraisemblable, qu'il n'y ait aucun passage public sur cette rivière : je défie qu'on trouve une solution légalement raisonnable à cette espèce, quelle que soit d'ailleurs l'opinion que l'on embrasse (2).

Il y a encore mieux : au lieu de changer de lit, la rivière peut très-bien se dessécher ou se jeter dans un autre cours d'eau. Si les riverains sont propriétaires, comme nous le soutenons, l'attribution du lit sera bien simple : ils en partageront la surface suivant l'étendue de leur droit. Si, au contraire, ce

(1) Demolombe, *Servitudes*, II, p. 95. — Cour de cass., 31 mai 1825.
(2) L'art. 419 du Code russe décide que si une *rivière non navigable traversant deux héritages change de cours, et que l'un de ces héritages soit privé d'eau, il y a un droit de passage pour en aller puiser.* — Cette servitude, qui n'existe pas en droit français, est la seule solution possible, suivant nous.

cours d'eau est une chose qui n'appartient à personne, le lit se trouvera, dès lors, n'avoir pas de maître; il n'est pas susceptible d'être acquis au premier occupant, puisqu'il est immeuble. Appartiendra-t-il à l'État, comme tous les vacants, aux termes des art. 539 et 713? Or quelqu'un s'est-il jamais avisé de prétendre que le lit des cours d'eau non navigables ni flottables fait partie du domaine public ou privé de l'État?

Notre système est alors le meilleur, puisqu'il est rationnel dans cette hypothèse.

Si donc cet art. 563 est aussi peu explicable dans une opinion que dans l'autre, cherchons la raison, bonne ou mauvaise, qui a pu le faire édicter.

Le législateur a évidemment cru faire œuvre de justice; et ce qui le prouve, c'est l'expression *à titre d'indemnité* que contient l'art. 563. Il a pensé avec raison que, si le riverain conserve le domaine du lit qui se forme, il n'en est pas moins vrai cependant que sa propriété, productive peut-être auparavant, devient inutile et plutôt nuisible, ou tout au moins accompagnée d'inconvénients nombreux; il a vu ici une perte véritable qu'il a voulu compenser. C'est pourquoi il a cru devoir consacrer cette exception à l'inviolabilité de la propriété, comme il a consacré l'expropriation pour cause d'utilité privée dans le cas de l'enclave et du mur mitoyen (1), en oubliant toutefois de parler de l'indemnité que l'équité revendique pour le riverain

____

(1) Art. 682 et 660.

dépouillé, ou considérant l'intérêt si minime, que l'indemnité doit être nulle.

Cette disposition est, du reste, nouvelle dans le droit, et sans exemple dans les différentes législations qui se sont formées après notre Code civil.

Le droit romain accordait le lit desséché aux propriétaires riverains, en proportion de la largeur de leurs terres, jusqu'à la ligne séparative du milieu de la rivière (1); et Pothier enseignait encore cette jurisprudence, partout admise dans l'ancien droit français (2).

Où donc les auteurs de notre Code ont-ils pris cette nouvelle façon d'attribuer à d'autres qu'aux riverains la propriété du lit abandonné ? Ils l'ont tout simplement copiée dans une disposition de la loi anglaise, qu'ils ont dénaturée de manière à lui ôter toute sa logique.

Le Code de la Grande-Bretagne porte en effet, d'après les principes exposés par Robert Callis, qui vivait en 1620, que « si la rivière qui passe entre deux riverains se porte soudainement (3) sur la terre de l'un, en laissant soudainement à sec celle de l'autre, celui dont la terre a été envahie a

(1) L. 7, § 4, Dig., *de acquir. rer. dom.*
(2) Pothier, *Propriété*, n° 160.
(3) L'expression *soudainement* a été omise dans le texte français, ce qui le rend encore plus incomplet. Supposons, en effet, que la rivière se retire peu à peu : le riverain acquiert le lit par droit d'accession, comme alluvion; le lui enlèvera-t-on ensuite pour le donner au propriétaire couvert par le nouveau cours d'eau? L'art. 563 autoriserait cette décision; mais, alors, que deviendrait l'art. 557, qui donne au riverain les relais que forme l'eau courante? Autre contradiction résultant de l'article dont il s'agit.

» droit à la terre délaissée (1). » Et l'art. 331 de la même loi anglaise ajoute que « si une rivière *navi-* » *gable* se forme un nouveau cours en abandonnant » son ancien lit, celui-ci devient la propriété de la » couronne. » Desquelles dispositions il faut conclure naturellement qu'en droit anglais le lit des petites rivières est bien chose commune puisque la loi en dispose, tandis qu'elle n'ose pas toucher à celui des fleuves, qui est la propriété de l'État.

Mais le Code français a voulu réformer la loi anglaise ; et, non content de dépouiller les riverains par son art. 563, il dépouille aussi l'État dans le même article, puisque cette règle s'applique à toute rivière navigable ou non ; de sorte que si la loi anglaise était logique en admettant le système *res nullius*, le droit français ne l'est plus dans la même hypothèse, et ne recule pas devant une disposition qui enlève à la nation (qui aussi est propriétaire apparemment !) une portion de ses biens. Tellement que si l'on nous demande de quel droit la loi dépouillerait, dans notre système, le riverain de ce qui lui appartient, nous répondons : « du même » droit qu'elle dépouille, par le même art. 563, » l'État de sa propriété, » c'est-à-dire aussi injustement dans un cas que dans l'autre (2).

(1) Art. 328. — Callis, *Statute of sewers*, lectura secunda. — Schultes, 136.

(2) Les législations qui ont copié la loi française se sont bien gardées de tomber dans la même contradiction : toutes protègent les droits du propriétaire. Le Code général de la Prusse (art. 271) dispose que *les lits des rivières desséchées appartiennent aux riverains dans la même proportion que les îles qui s'y forment.* La

L'art. 563 est donc une de ces copies maladroites qui existent dans notre Code (1), et qu'il ne faut pas invoquer comme règles de principe. C'est une loi, mais une loi d'exception, et d'exception tellement exorbitante qu'elle doit être écartée de la controverse; et celle-ci n'a plus, dès lors, pour termes que les autorités et les textes cités plus haut, entièrement conformes à l'opinion que nous soutenons (2).

37. — Au surplus, les corollaires de la règle contraire suffiraient pour la faire rejeter. Il faudrait en déduire en effet que:

1° Le lit n'appartenant à personne, les arbres et les joncs qui y croîtraient seraient la propriété du premier occupant;

2° Le cours d'eau pourrait être détourné pour cause d'utilité publique sans que le riverain, dépouillé des avantages qu'il en retirait, pût réclamer aucune indemnité (3);

3° On ne pourrait pas clore par une chaîne un

loi de la Russie porte que *lorsque le fleuve quitte son ancien lit pour s'en former un nouveau dans un fonds, les propriétaires riverains sont réglés de la manière suivante....* (suit l'énumération de règles d'équité diverses, suivant les différents cas) (art. 432).

(1) Ita art. 1238, copié dans Pothier, qui contredit le principe de la transmission de la propriété par l'effet des obligations. Pourquoi ne pas dire aussi que cet art. 1238 est l'expression de la volonté du législateur, et qu'il s'est trompé en disant dans l'art. 711 que la propriété se transmet par l'effet des obligations?

(2) Championnière, *Propriété des eaux courantes*; Toullier, III, n° 114; Cormenin, *Droit administratif*; Marcadé, XI, n° 193; Pardessus, *Servitudes*, I, n° 77.

(3) Cour de cassation, 10 juin 1816, 16 août 1862; *Bordeaux*, 29 juin 1863.

cours d'eau de cette nature (1): par suite, tout le monde a le droit d'y naviguer et d'y passer.

Cette conséquence est une de celles qui contrarient le plus l'esprit de notre législation du régime des eaux, et démontre à elle seule l'inanité de la solution d'où elle découle. La Cour de cassation me permet à moi premier venu, *occupanti*, de naviguer devant l'immeuble dont vous êtes propriétaire : que devient alors le droit de pêche qui vous est reconnu par la loi? La contradiction est vraiment étrange. Eh quoi! la loi vous reconnaît exclusivement le droit de pêcher dans la rivière qui vous baigne, et elle me reconnaît aussi, à moi qui suis *n'importe qui*, le droit de passer et repasser dans cette rivière à toute heure du jour, à quelque endroit que ce soit, quand il me plaira. Mais si j'ai le droit d'y passer, j'ai aussi le droit d'y stationner; et si j'ai le droit d'y stationner, j'ai le droit de battre l'eau avec un bâton où vous déposez vos engins de pêche; en un mot, vous avez seul *le droit* de pêcher, et moi j'ai *le droit* de vous interdire la pêche. Vous n'exercerez votre droit que quand il plaira au public de vous le permettre. Triste législation qui vous retire d'une main ce qu'elle vous accorde de l'autre!

Il faut pourtant bien choisir entre ces deux alternatives: ou le riverain a le droit de pêche, ou le premier venu a le droit de passage; ils sont incompatibles. Or, entre une disposition précise de la loi et une conséquence tirée à grand'peine d'un article exceptionnel, notre choix est vite fait.

(1) Cass., 8 mars 1865 ; *Rouen*, 3 janvier 1866.

4° Le riverain ne peut faire réduire un barrage établi dans la rivière, si ce barrage ne s'appuie pas sur son terrain (1);

5° La pente d'eau n'appartient à personne, et, en droit civil, n'importe qui peut la modifier sans porter atteinte aux droits du riverain (2);

6° Celui qui a une source dans son fonds en est généralement propriétaire, d'après l'art. 641, qui porte qu'il peut en user à sa volonté, sauf toutefois les droits acquis. Qu'arriverait-il s'il s'agissait d'une source de petite rivière, dans le système *res nullius*? il faudrait effacer l'art. 641 ou renoncer à la théorie adoptée;

7° Il y aurait trois sortes de cours d'eau: les rivières navigables, facilement définies, les petites rivières et les ruisseaux (3), dont la distinction n'est écrite dans aucune loi. A quel signe reconnaîtra-t-on qu'il s'agira d'un ruisseau plutôt que d'une rivière? prendra-t-on le *criterium* de Loysel, la largeur, suivant qu'elle sera de quatorze, sept ou trois pieds et demi (4)? décidera-t-on, comme en droit romain, *existimatione circumcolentium* (5), d'après l'opinion des riverains, tous repères qui n'ont rien de bien précis?

38. — Que faut-il de plus pour démontrer que les petites rivières, suivant l'esprit général de nos

(1) Cass., 17 juin 1850.
(2) Th. Ducrocq, *Cours de droit administratif*, édition de 1868, p. 418.
(3) *Eod.*, p. 428.
(4) Loysel, II, II, 233.
(5) L. 1, § 1, Digeste, *de fluminibus nequid*.

lois, ne doivent pas être rangées dans la catégorie
des choses communes? Si nous résumons notre discussion, nous voyons que les Codes contiennent dix
ou douze textes qui ont rapport à la question. Sur
ces dix textes, neuf sont la conséquence de notre
système; un seul est exorbitant (art. 563) et inexplicable. Voyez combien nos adversaires sont illo-
giques : ils soutiennent que ce seul article est de
droit commun, et que les neuf autres sont l'exception. N'est-il pas au moins plus naturel d'admettre que le législateur est, neuf fois sur dix, dans
le droit commun, surtout quand, la dixième fois, il
se contredit et s'égare? En dehors donc de la discussion, la vraisemblance est pour nous.

Sans doute, le droit qu'on peut avoir sur ces
rivières n'est pas une propriété absolue et complète; mais quelles sont les causes de cette im-
perfection?

D'abord, la nature des cours d'eau, fugitifs et
variables (1), changeant de propriétaire à tout instant, et comparables aux lapins des garennes et aux
pigeons des colombiers de l'art. 564, dont la propriété change, elle aussi, avec le lieu où ils se
fixent;

(1) C'est de là qu'on a conclu que les cours d'eau sont insusceptibles par nature de propriété privée; et, chose étrange, cette
théorie est soutenue précisément par ceux qui admettent la propriété des riverains sur les ruisseaux.— (Dalloz : « L'eau courante
n'est pas susceptible de propriété, » v° Eaux, n° 213, al. 6. — « C'est
» par une interprétation abusive que Proudhon prétend restreindre
» le droit du propriétaire à un simple usage : ou ne peut y voir
» autre chose qu'un droit de propriété, » v° Servitudes, sur
l'art. 643.)

Ensuite, ce droit restreint de chaque propriétaire riverain, qui finit où celui de ses voisins commence, égal au sien.

II. — DES CHOSES SUSCEPTIBLES DE PROPRIÉTÉ PRIVÉE, MAIS QUI SONT *res nullius*.

Nous arrivons à la seconde catégorie des *res nullius*, celles dont l'occupation est possible, mais sur lesquelles cependant personne ne peut invoquer un droit récent ou ancien. On y comprend la chasse, la pêche, les choses du cru de la mer et les objets assimilés aux pierres précieuses, coquillages, etc.

39. — La pêche et la chasse sont deux modes analogues d'occupation appliquée aux êtres animés. Mais, pour en étudier les règles, nous savons qu'il faut distinguer entre cette appropriation, permise à tous, et le droit de l'exercer, restreint par des lois particulières, entre le droit au gibier et le droit à la chasse. Le premier, a-t-il été dit, est universel, du droit des gens, naturel; le second, qui en est l'exercice, est réglementé et accordé à certaines personnes comme un avantage attaché à leur situation civile. C'est ainsi que le droit de chasse et de pêche appartient au propriétaire, à l'exclusion de tous autres.

Il y a plus : c'est que l'exercice du droit peut, dans certains cas, s'élargir et devenir accessible d'une façon plus générale quand il n'est pas subordonné à des raisons contingentes et sociales : ainsi, le droit d'acquérir est à tous, parce que la chose n'est à personne; l'exercice est restreint parce qu'il dépend d'un droit privé : la propriété; supprimons ce droit, alors l'exercice deviendra commun comme la chose elle-même.

L'exemple s'en trouve dans notre législation sur la pêche. Le poisson est *res nullius*, mais le droit de s'en emparer appartient au propriétaire du lieu où il se trouve; s'agit-il de poisson maritime, comme il n'y a plus ici de propriétaire, l'exercice du droit devient, comme le poisson lui-même, une *res nullius*, condition qui a été analysée en temps et lieu.

Le droit peut donc se généraliser et prendre un caractère plus large, par suite de la nature moins étroite et moins privée de la propriété.

En sens opposé, il peut aussi se resserrer et, dans certains cas, changer complétement de physionomie d'une façon inverse. Nous venons de voir l'exercice du droit se généralisant par la suppression des entraves : il va maintenant se restreindre en conséquence de l'influence contraire. Que la propriété soit plus directe, plus étroite, plus précise, le droit devient moins général; et, bien plus, la chose elle-même, gibier ou poisson qui fait l'objet du droit, perd son caractère de communauté pour prendre celui de propriété privée. C'est ainsi que dans la mer, où il n'y a pas de propriétaire, le droit de pêche appartient à tous. Dans les rivières où le propriétaire existe, le droit de pêche lui appartient, mais le poisson est toujours *res nullius*.

Dans les étangs, le propriétaire a son droit bien plus direct : le droit de pêche n'est plus une conséquence, mais une manifestation du droit de propriété, parce que le poisson devient la chose du propriétaire. Comment se fait-il qu'ici la chose change de nature, et le droit d'étendue?

Quand la chose, gibier ou poisson, est en liberté dans un lieu ordinaire, le propriétaire n'est pas autorisé à en revendiquer la propriété. La détient-il? peut-il en disposer? Il ne peut pas s'en emparer plus facilement que toute autre personne: l'objet peut impunément et en quelques instants changer de lieu et de dépendance, si dépendance il y a. Le poisson, presque à chaque mouvement, acquerrait un nouveau maître, puisque le milieu de la rivière est la limite des deux propriétés contiguës; le gibier peut en quelques minutes parcourir des kilomètres. Ce sont choses qui ne peuvent appartenir à personne.

S'agit-il, au contraire, d'animaux qui habitent dans une garenne, dans un étaug, dans un colombier, le droit du propriétaire s'exerce continuellement. Les animaux qui, s'étant habitués sur son fonds, s'y sont établis à demeure fixe, ne forment avec lui qu'un même tout : ils sont sédentaires et ne s'éloignent pas habituellement. Le propriétaire a sur toutes ces choses une espèce de *manus*, de souveraineté; il les possède médiatement : dès lors ce ne sont plus *res nullius*, et le droit civil, reconnaissant cette dépendance, déclare qu'ils sont l'accessoire de la propriété (art. 564).

De là le principe que le maître du colombier est le maître des pigeons qui s'y sont établis; de là aussi deux conséquences principales : en premier lieu, c'est que l'individu qui s'empare de ces choses malgré leur propriétaire commet un vol, tandis que s'il s'agissait de choses communes il n'y aurait qu'un délit de chasse ou de pêche. D'un autre côté, c'est que les pigeons, lapins, poissons qui passent dans un autre colombier, garenne ou étang, appartiennent au propriétaire de ces objets, qui n'a aucune action à redouter s'il ne les y a attirés par fraude ou artifice. Celui à qui appartient la garenne n'est en effet maître des lapins qu'en tant qu'ils en sont les parties accessoires, et ils cessent d'en faire partie dès qu'ils ont perdu l'habitude d'y aller et venir : il en perd donc la propriété dès l'instant qu'ils ont abandonné leur séjour. Tant qu'ils ne seront point fixés ailleurs, ils n'appartiennent à personne; mais, aussitôt qu'ils s'établissent quelque part, ils deviennent la chose du propriétaire nouveau, avec le fonds duquel ils se confondent.

Le dernier degré de cette échelle que nous venons de dresser est le cas où la chose est sous la dépendance directe du propriétaire, par exemple quand le poisson est enfermé dans un réservoir. La possession est immédiate, l'objet est une propriété privée dont la soustraction donne lieu à la poursuite pour vol si elle est frauduleuse, sans préjudice de la revendication.

Véritable droit de propriété qui peut résulter d'un autre fait que cette possession matérielle de l'objet : la possession peut être en effet tout intellectuelle et dériver de l'apprivoisement des bêtes sauvages, qui constitue, comme il a été dit (n° 12), une dépendance efficace.

§ 1er. — Chasse.

40. — Depuis le droit romain, l'exercice du droit de chasse a subi de nombreuses réglementations. La première législation française, conforme aux principes seigneuriaux plus haut indiqués, l'interdisait formellement aux manants, sous les peines les plus sévères. Mathieu Paris rapporte qu'on arrachait les yeux et qu'on mutilait atrocement pour un simple délit de chasse : « *Si quilibet in fraude venationis deprensi fuissent, eruebantur oculi corum, abscidebantur virilia, manus vel pedes truncabantur* (1).

Mais les abus créés par cette jurisprudence devinrent tels, que les ordonnances des rois durent y porter atteinte. C'est ainsi que le xive siècle supprima le droit de *garenne*, oppressif au possible pour le vilain qui se voyait doublement dépouillé et par le gibier qui détruisait une partie des récoltes, et par le seigneur dont les chasses bruyantes dévastaient ce qui en restait ; qu'une ordonnance de Philippe le Long, de 1318, reconnut à tout individu le droit de chasse sur ses terres, mais avec certains moyens seulement, « *à chiens, à oiseaux*

(1) Ducange, v° *Foresta.*

» *el à bâtons;* » et aux gentilshommes « *avec fu-* » *rons el rezeuls* » (furets et filets) (1). Tolérance éphémère, car, dès le règne de Charles IV (2), le droit de chasser fut interdit à toute personne non noble, à moins d'un privilège spécial.

D'un autre côté, les condamnations subsistaient aussi sévères pour ceux qui chassaient dans les réserves royales; les peines variaient entre les galères et la pendaison. Une ordonnance de Henri IV (3) portait que les délinquants seraient, pour la première fois, fouettés et battus de verges jusqu'à effusion de sang; en cas de récidive, la peine était subie autour des forêts où le délit avait été commis, sans préjudice de la confiscation des bâtons ou engins.

Une autre ordonnance (4) châtiait les chiens eux-mêmes. Ceux qu'on menait en forêt sans les tenir en laisse avaient, *pour la première fois,* les jarrets coupés; la seconde fois ils étaient mis à mort; la tierce fois étaient ceux qui les menaient punis d'amende.

Ces interdictions se sont maintenues jusqu'à la Révolution, sous l'empire de l'ordonnance de 1669, qui proclamait le droit de chasse un attribut de la souveraineté appartenant au roi seul, exercé par les nobles en vertu d'une permission expresse (5). Les seuls roturiers ayant l'autorisation de chasser

(1) Ord. de 1515, art. 4.
(2) Ord. de janvier 1396; septembre 1402.
(3) Ord. de 1600, art. XIII.
(4) Ord. de François Ier, mars 1515, art. XIII.
(5) Art. 11 du titre xxx de l'ord. de 1669.

ne pouvaient être que des propriétaires de fiefs. Cette ordonnance était cependant d'une certaine douceur, puisqu'elle interdisait de condamner les délinquants au dernier supplice.

Quant aux limites du droit de chasse, la jurisprudence variait : le haut justicier, en général, pouvait chasser et faire chasser sur ses terres, tandis que le seigneur simplement féodal devait chasser personnellement (1).

Telle était l'économie du système abusif que la Révolution a renversé, avec tous les priviléges du seigneuriage. Elle y a substitué une législation libérale accordant à tout propriétaire le droit de chasser sur ses propriétés (2), sauf à se conformer aux lois de police qui pourraient être promulguées. De nombreuses dispositions législatives ont complété ce principe, depuis la loi du 30 avril 1790, qui est restée en vigueur pendant cinquante-quatre ans, jusqu'à celle qui nous régit actuellement et qui date du 3 mai 1844, formant le véritable code de la chasse en France.

41. — La loi de 1844, sans rien innover sur tout ce qui touche aux questions de droit civil, a pour objectif de garantir l'inviolabilité de la propriété et de prévenir la destruction du gibier.

Dans ce double but, elle dispose d'abord que nul n'aura la faculté de chasser sur la propriété d'autrui sans le consentement du propriétaire, et, d'un

(1) Pothier, nos 31 et suiv. — Championière, p. 11 et suiv. — Arrêt du 18 août 1760.
(2) Loi du 11 août 1789.

autre côté, que le propriétaire ou possesseur peut
chasser ou faire chasser en tout temps, sans permis de chasse, dans ses possessions attenant à une
habitation et entourées d'une clôture continue faisant obstacle à toute communication avec les héritages voisins. Le permis de chasse est maintenu,
et la chasse est interdite pendant une certaine époque de l'année. D'autres dispositions concernent :
la délivrance des permis, le droit à payer (qui était
de 25 fr. sous l'empire de la loi de 1844), les inca-
pacités et exclusions ; les moyens de chasse tolérés,
les engins prohibés, la faculté donnée aux préfets
d'interdire la chasse en temps de neige ; les peines
et la juridiction.

42. — La première question à se poser est celle
de savoir en quoi consiste le fait de chasse, et comment il peut être déterminé. Il serait dangereux,
dit Duvergier (1), de définir ce qui constitue, à proprement parler, la chasse. La loi s'est bien gardée
de le faire, afin de laisser aux tribunaux une entière latitude sur une question de fait ; mais on peut
appeler chasse tout fait intentionnel ayant pour but
de prendre ou de détruire ce qu'on est convenu
d'appeler gibier. Pour que ce fait soit un délit dans
les cas déterminés par la loi, il faut qu'il soit volontaire d'une part : d'où suit que la bonne foi et le
non-discernement peuvent excuser l'auteur ; il faut
qu'il soit en outre consommé, car l'intention ou
même la tentative ne suffiraient point. Le fait de

(1) *Com. sur l'art.* 11 de la loi de 1811.

flagrant délit est seul atteint, parce que les tentatives ne sont considérées comme délits que dans les
cas déterminés par une disposition spéciale de la
loi (1). Or elle ne s'occupe ici ni de ce qui a pré-
cédé ni de ce qui a suivi le fait. Le chasseur qui
part avec tout son attirail, celui qui revient de la
chasse ne peuvent être inquiétés : il faut établir que
le fait a eu lieu sur le terrain. Nul n'a de compte à
rendre, et celui qui se plaint d'un acte de chasse
doit clairement l'établir et non pas l'induire vague-
ment de vraisemblances ou de présomptions (2).

A plus forte raison faut-il que le fait soit possible,
car on n'aurait pas bonne grâce à poursuivre un
individu muni d'une arme non chargée, ou d'un
instrument qui serait impropre à la poursuite du
gibier : *Tam difficilem, imo pene impossibilem
conditionem* (3).

Le fait peut avoir lieu ou par nous-même, ou par
des objets nous appartenant : tel est le cas où nous
aurons tendu sur la propriété d'autrui des engins
propres à arrêter le gibier. Nous sommes également
responsable du chien qui nous accompagne, en
vertu de l'art. 1385 du Code civil, et même du lé-
vrier qui, guidé par son seul instinct et hors de la
présence de son maître, parcourt la campagne et
détruit le gibier (4), lors même que nous ne serions
pas en faute, parce qu'il s'agit là d'un animal qui

(1) Art. 3 du Code pénal.
(2) Boujean, *Traité de la chasse*, t. I, p. 19. — Petit, *Traité du
droit de chasse*, t. I, p. 3.
(3) Loi 1, § 1, Digeste, *de statuliberis*.
(4) Cour de Nancy, 11 février 1846.

est à notre usage, et que nous devons réparation du dommage causé par lui, qu'il soit sous notre garde ou qu'il se soit égaré ou échappé.

Dans tous les cas, quand il y a contestation sur le point de savoir s'il y a ou non fait de chasse, les tribunaux apprécieront. D'où il résulte qu'il n'appartient pas à celui qui dresse un procès-verbal d'affirmer qu'il y a eu chasse de la part de l'inculpé. Le garde champêtre ou le gendarme doit se borner à indiquer l'attitude de l'individu, son allure, son accoutrement, etc. ; quant à décider si ces faits constituent le délit, c'est au juge seul de prononcer.

43. — Qui peut chasser?

Dans l'ancien droit, des lois fort sévères interdisaient la chasse. Les Francs formaient de grands emplacements de terres incultes appelés *forêts* [d'un vieux mot allemand qui signifie *défens* (1)], où ils transportaient des bêtes fauves pour les y acclimater, grâce aux rigoureuses dispositions qui en défendaient la destruction. C'est ainsi que le mérovingien Gontran fit lapider Chandon, son chambellan, accusé d'avoir tué un buffle dans la forêt de Vassac; et qu'une charte du xve siècle punit d'amende ceux qui s'emparaient des chevreuils, cerfs et sangliers : *Ille vel illa qui caperet aut occideret capreolum, cervum aut aprum, teneatur reddere domino abbati et pro lege LXV solidos tholosanos* (2).

Nous avons vu les concessions faites par les

(1) Dutillet, *Recueil des rois de France*, 212.
(2) Coutume de Saramon, 1157.

ordonnances, encore très-prohibitives, de 1396,
1515 et 1669, et enfin la liberté complète accordée par la Révolution, qui supprima les droits
de garenne et de colombier. Robespierre voulait
qu'après la dépouille des fruits de la superficie de
la terre la chasse fût libre à tout citoyen indistinc-
tement; mais l'Assemblée décréta, le 30 avril 1790,
« qu'il est défendu à toute personne de chasser en
» quelque temps et de quelque manière que ce soit
» sur le terrain d'autrui, sans son consentement. »
Principe consacré par Antonin le Pieux (1): Οὐχ ἐστὶ
εὔλογον ἀκόντων τῶν δεσπότων ὑμᾶς ἀλλοτρίαις χώραις ἴζεβειν,
et traduit par la loi romaine: *Non est consentaneum
ut per aliena prædia, invitis dominis, aucupium
facialis* (2). C'était déclarer formellement que le
droit de chasse appartient au propriétaire.

La question n'est pas douteuse quand la propriété entière est réunie entre les mains d'un seul
individu; mais elle souffre discussion quand il y a
division du droit de jouir et de la nue-propriété.
Ainsi, l'usufruitier a-t-il le droit de chasse sur les
biens? Nous déciderons en faveur de l'usufruitier,
parce que celui-ci jouit en général de tous les
avantages de la propriété, sauf le droit de disposition, sauf aussi les produits qui en sont exceptés
nommément par un texte de loi.

—En ce qui touche le locataire ou fermier, la décision est moins apparente. Malgré les efforts tentés,
lors de la discussion de 1844, pour faire donner à cette

(1) Callistrate, liv. III, *de Cognitionibus.*
(2) Loi 16, Digeste, *de servitulibus præd. rustic.*

question une solution législative, elle n'a pas été tranchée, par le motif que la loi sur la chasse n'était
qu'une loi de police qui ne devait pas s'occuper des
difficultés de droit civil. Or trois systèmes s'étaient
produits dans cette controverse restée intacte. L'un
donne au fermier, en dehors de toute disposition
précise dans le contrat de bail, le droit de chasser
sur la propriété. Il s'appuie sur ce que ce droit est
de nature à pouvoir faire l'objet d'un louage, et
qu'il est compris dans les produits du domaine (1).

La seconde opinion, qui nous semble la meil-
leure, laisse le droit de chasse au propriétaire, par
la raison qu'il n'est ni un fruit ni un produit de la
terre, mais un droit voluptuaire qui se rattache
essentiellement à la propriété (2). Y a-t-il une loi
qui en fasse un attribut de la jouissance? Non.
La loi du 30 avril 1790, qui a posé la règle dans les
articles 1, 13 et 14, ne fait mention que du propriétaire ou possesseur, c'est-à-dire celui qui rem-
place le propriétaire. L'art. 15 ne parle du fermier
que pour lui permettre de détruire les animaux
malfaisants ou les bêtes fauves qui nuisent à ses
récoltes. Est-ce le droit de chasse? En aucune façon. Or la loi de 1844 a maintenu toutes ces distinctions, sans introduire un droit nouveau. L'article 9 permet aussi au fermier de détruire en tous
temps sur ses terres les animaux malfaisants et
nuisibles; mais, en le désignant ici, tandis qu'elle

(1) Cour de Bruxelles, 6 nov. 1822; 25 fév. 1826. — Duvergier,
Louage, n° 73.
(2) Cour de Poitiers, 11 avril 1815; Cassation 4 juillet 1815.

l'omet dans l'art. 1ᵉʳ où il est question du droit de chasse, ne montre-t-elle pas que le principe n'est pas le même dans les deux cas? L'art. 1ᵉʳ ne parle que des ayant-droit, et il est clair que l'ayant-droit est celui qui représente le propriétaire, soit par délégation spéciale, soit en vertu d'une concession expresse, soit à titre universel. Par conséquent, dans le silence du contrat de bail, le droit de chasse ne fait pas partie de la location.

Enfin, le troisième système reconnaît un droit égal au propriétaire et au fermier. Une telle solution n'est pas admissible. Les deux premières, en effet, s'appuient chacune sur une présomption différente ; dans le mutisme du bail, c'est le propriétaire ou le fermier qui est présumé avoir le droit de chasse. Mais de deux choses l'une : ou c'est le propriétaire, ou c'est le fermier ; il n'est pas possible de prendre la moitié d'une présomption et d'en tirer un parti mitoyen.

— Si le terrain appartient à plusieurs propriétaires *par indivis*, le droit de chasse appartient à tous communément, sans distinction, par suite de la quote-part qui reviendrait à chacun si le partage avait lieu : d'où je conclus que chacun peut accorder la permission de chasser sur tout le fonds.

44. — Le droit de chasse appartenant au propriétaire, comment est-il réglementé?

Et d'abord, il est un cas où ce droit est entier et ne souffre aucune restriction : le propriétaire ou possesseur peut en effet chasser ou faire chasser en tout temps, sans permis de chasse, dans ses possessions attenant à une habitation et entourées d'une clôture continue faisant obstacle à toute communication avec les héritages voisins. Mais, le mode de clôture n'étant pas déterminé par la loi, les tribunaux ont une entière discrétion pour décider s'il est ou non suffisant.

Dans les terrains non clos, l'exercice du droit de chasse est subordonné à trois conditions : chasse ouverte, permis délivré par les autorités compétentes, emploi de moyens non prohibés.

Les préfets déterminent par des arrêtés publiés au moins dix jours à l'avance l'époque de l'ouverture et celle de la clôture de la chasse. Dans chaque département, il est interdit de mettre en vente, de vendre, d'acheter, de transporter et de colporter du gibier pendant le temps où la chasse n'y est pas permise. En cas d'infraction, le gibier saisi est confisqué et immédiatement livré à l'établissement de bienfaisance le plus voisin. Au reste, l'inviolabilité de la propriété s'oppose à ce que la recherche du gibier puisse être faite à domicile ; une seule exception est consacrée par l'art. 4 de la loi contre les aubergistes, marchands de comestibles, et pour les lieux ouverts au public.

La chasse, quoique ouverte, peut être interdite par arrêtés des préfets pendant les temps de neige, dans l'intérêt de la conservation du gibier. Mais rien n'empêchera, pendant cette prohibition momentanée, de colporter le gibier. Les termes de l'art. 4 sont trop précis à cet égard pour qu'on

décide autrement : *dans chaque département*, il
est interdit de vendre le gibier pendant le temps
où la chasse n'y est pas permise. Il s'agit donc là
d'une défense absolue qui s'étend à tout un département, et nullement applicable au cas où la terre
est couverte de neige ; car, dans cette hypothèse, la
défense résulte d'un fait local qui n'a pas toujours
pour étendue toute une circonscription.

Rien n'empêchera non plus de détruire pendant
les temps de neige les animaux malfaisants ou nuisibles, les renards, loups, corbeaux, alouettes, etc.,
puisqu'il est permis de les détruire même quand
la chasse est close.

— Il ne suffit pas que la chasse soit ouverte pour
pouvoir chasser sur ses propriétés : il faut, de plus,
être muni d'un permis de chasse.

Le permis de chasse, exigé déjà par le décret du
4 mai 1812 (1) sous le nom de port d'armes, est délivré, sur l'avis du maire de la résidence ou du domicile de l'impétrant, par le préfet ou le sous-préfet.
La délivrance donne lieu au payement d'un droit de
quarante francs, dont trente francs pour l'État (2)

---

(1) D'après la loi du 11 juillet 1810, le permis était seulement
obligatoire pour ceux qui chassaient avec des armes : de là l'expression *port d'armes*. Depuis que le permis est exigé pour toute
chasse, cette locution est un contre-sens. — Le décret du 4 mai
1812 a été attaqué comme inconstitutionnel, parce qu'il prononce
une amende ; mais la Cour de cassation a déclaré, à bon droit, que
ce décret, n'ayant pas été déféré au Sénat pour inconstitutionnalité
en vertu de la constitution du 22 frimaire an VIII, a acquis force
législative (Cass. 8 avril 1831 ; 13 juin 1831 ; Cour de Rennes, 24 novembre 1845).

(2) Loi du 23 août 1871.

et dix francs au profit de la commune dont le maire aura donné l'avis ci-dessus.

Le permis, valable pour tout le territoire français, ne peut servir qu'un an. Il est en outre personnel, sans préjudice néanmoins du droit incontestable laissé à chaque chasseur de se faire aider par des rabatteurs ou quêteurs. Ce moyen de chasse n'est pas prohibé, et un seul permis est exigé pour le principal agent, pourvu toutefois que ses aides ne soient pas porteurs d'armes ou d'engins ; car, dans ce cas, ils chasseraient pour leur propre compte et personnellement.

— Il faut, pour l'obtenir, remplir certaines conditions, et, dans certains cas, la loi prononce l'incapacité ou l'exclusion ; dans d'autres, elle se borne à permettre au préfet de refuser le permis de chasse.

Ce refus est facultatif quand le requérant majeur n'est pas inscrit personnellement, ou quand son père ou sa mère ne sont pas inscrits au rôle des contributions ; — quand, par une condamnation judiciaire, il a été privé de l'un des droits énumérés dans l'art. 42 du Code pénal autres que le droit de port d'armes ; — s'il a été condamné à un emprisonnement de plus de six mois pour rébellion ou violence envers les agents de la force publique ; — s'il a été condamné pour différents délits spécifiés dans la loi, association illicite, menaces, dévastations, vagabondage, vol. Dans ces deux derniers cas (rébellion et délits prévus), la faculté de refuser le permis de chasse aux condamnés cessera cinq ans après l'expiration de la peine.

Sont incapables d'obtenir le permis : 1° les mineurs qui n'auront pas seize ans accomplis ; 2° les
mineurs de 16 à 21 ans, à moins que le permis ne
soit demandé pour eux par leur père, mère, tuteur
ou curateur, porté au rôle des contributions ;
3° les interdits ; 4° les gardes champêtres ou forestiers des communes et établissements publics, ainsi
que les gardes forestiers de l'État et les garde-
pêche.

Sont enfin exclus du droit de port d'armes ceux
qui en sont privés par condamnation, ceux qui
n'ont pas exécuté les condamnations prononcées
contre eux pour délits de chasse, les condamnés
placés sous la surveillance de la haute police.

— Ces divers motifs de refus sont limitatifs. On
ne pourrait donc refuser le port d'armes à une fille
majeure, ni à une mineure dont la demande serait
formée dans les conditions voulues par la loi de
1844. Il en serait différemment d'une femme en
puissance de mari, car la loi civile lui impose des
devoirs d'obéissance qui exigent l'autorisation ma-
ritale tacite ou expresse pour tous les actes non
exceptés par un texte.

— Le permis pourrait être refusé aux ecclésias-
tiques. L'Écriture, dit saint Jérôme, nous montre
des saints pêcheurs, mais jamais de chasseurs :
« *Piscatores invenimus sanctos in Scripturis sanc-*
» *tis, sed penitus non invenimus sanctum ali-*
» *quem venatorem* (1). » Partant de là, les con-

(1) Saint Jérôme, *in psalm.* 90, v. 3.

ciles (1) et les auteurs (2) interdisent la chasse
aux clercs, comme ils leur interdisent les actes de
commerce (3), et le sixième des articles organiques
du concordat de l'an X soumet au recours pour
abus les infractions aux canons reçus en France. Or
les décrets du quatrième concile de Latran sont
dans ce dernier cas (4) : il en résulte donc une incapacité non pas seulement canonique, mais encore
civile, qui n'a pas été abrogée.

— Toute autorité qui refuserait le permis pour
des motifs autres que ceux qui sont énumérés dans
la loi serait passible de dommages-intérêts envers
la partie lésée.

— Enfin la troisième condition nécessaire pour
exercer le droit de chasse est qu'il faut employer
des moyens non prohibés.

L'art. 9 dispose que, dans le temps où la chasse
est ouverte, le permis donne à celui qui l'a obtenu
le droit de chasser *de jour, à tir et à courre.* Tous
autres moyens de chasse, à l'exception des furets et
des bourses destinées à prendre le lapin, sont formellement prohibés. Cette dernière disposition
était utile dans la loi pour déterminer la nature du

---

(1) Synode d'Orléans, IV. — IVe Concile de Latran, canon 15e
(an 1215). — Décret de Grégoire IX.—Synode de Nantes, canon 3e
(an 1264). —Concile de Trente, 24, cap. 12, *de reform.* (an. 1545).
— Concile d'Aix (an 1596).

(2) Saint Ambroise, serm. VIII, *super Psalm.* — Van Espen,
t. II, p. 636. — D'Héricourt, *Lois eccl. de France*, p. 192.— V. cependant Barbosa, *de Jure eccl.*, I, 40, nos 70 et suiv.

(3) Décret de Gatien, première partie, distinction 88.

(4) Pragmatique sanction de 1438, 20e alinéa. — Durand de
Maillane, *Dict. de droit canonique*, ve Canon.

lapin, qui pouvait être à bon droit considéré soit comme gibier, soit comme animal nuisible : ce dernier caractère lui a été attribué.

Mais ce que l'on comprend moins de prime vue, c'est le texte du § 4, n° 2, d'après lequel les préfets peuvent prendre des arrêtés pour autoriser l'emploi de chiens lévriers pour la destruction des animaux malfaisants ou nuisibles. Qu'en faut-il conclure ? assurément que les lévriers sont prohibés comme moyen de chasse ; mais la règle du § 4 était-elle nécessaire ? Il semble que non, tout d'abord ; car, après avoir autorisé dans le § 3 tous les moyens de destruction de la part du fermier ou propriétaire qui repousse les bêtes *fauves* qui porteraient dommage à ses propriétés, le législateur n'avait pas besoin d'autoriser spécialement les préfets à permettre l'emploi des lévriers contre les animaux malfaisants ou nuisibles, et cela pour deux raisons : d'abord, *a fortiori*, les animaux reconnus malfaisants ou nuisibles, tels que renards, loups, peuvent être détruits, quand les bêtes fauves, comme les cerfs, chevreuils, le sont ; ensuite, si tous les moyens sont tolérés à leur égard, le préfet n'a que faire de donner son arrêté. Mais la loi s'explique en ce sens que les bêtes fauves ne peuvent être tuées par le propriétaire que si elles portent dommage à sa propriété, tandis qu'il s'agit, dans l'autre cas, d'animaux nuisibles qu'on cherche à détruire en dehors du dégât qu'ils commettent, c'est-à-dire pendant le jour ou dans une battue : il faut donc alors un arrêté préfectoral.

— Les sanctions de ces différentes prohibitions sont : une amende de 16 à 100 francs contre ceux qui auront chassé sans permis de chasse, ou qui auront contrevenu aux arrêtés des préfets concernant les oiseaux de passage, le gibier d'eau, la chasse en temps de neige, l'emploi des chiens lévriers, et la destruction des animaux nuisibles ou malfaisants ; une amende de 50 à 200 francs et un emprisonnement facultatif de six jours à deux mois, aggravé dans certains cas, contre ceux qui auront chassé en temps prohibé ou la nuit à l'aide d'engins prohibés, ceux qui seront détenteurs ou porteurs hors de leur domicile de filets, engins ou autres instruments de chasse prohibés ; ceux qui auront, en temps prohibé, mis en vente, acheté ou transporté du gibier, ceux qui auront employé des drogues ou appâts, ou des appeaux, appelants ou chanterelles ; et, dans tous ces cas, les armes ou autres engins de chasse seront confisqués, excepté, en ce qui concerne les armes, dans le cas où le délit aurait été commis par un individu muni d'un permis dans le temps où la chasse est autorisée.

45. — Telles sont les conditions dans lesquelles le droit de chasse du propriétaire peut s'exercer. Reste à voir maintenant une autre conséquence de ce droit ; car il consiste non-seulement à pouvoir soi-même chasser, mais aussi à en empêcher autrui : le premier caractère dérive de la plénitude du droit de propriété, le second dérive de son inviolabilité.

Nul n'a la faculté de chasser sur le terrain

d'autrui sans le consentement du propriétaire ou de ses ayant-droit ; et la loi punit de l'amende de 16 à 100 francs, qui peut être portée au double si la terre est encore couverte de ses fruits, quiconque aura chassé sur le terrain d'autrui sans la permission du propriétaire. La peine est même de 50 à 200 francs, avec faculté d'y ajouter l'emprisonnement, si ce terrain est attenant à une maison habitée ou servant à l'habitation, et entourée d'une clôture continue ; et si le délit est commis la nuit, la peine est plus grave encore.

Le consentement du propriétaire peut être exprès : alors aucune difficulté ne s'élève ; le chasseur n'a qu'à présenter sa permission écrite ou invoquer l'assentiment verbal du maître. Mais cette permission peut-elle être tacite et résulter implicitement de certains faits apparents ? Oui, ce consentement peut être présumé. Dans le silence du propriétaire, il est un cas, et c'est le plus ordinaire, où sa volonté est censée être favorable au chasseur. La poursuite d'office ne pourra être exercée par le ministère public, dit l'art. 26, qu'autant que le délit aura été commis dans un terrain clos attenant à une habitation, ou sur des terres non dépouillées de leurs fruits ; d'où il faut déduire que si le fait de chasse a lieu sur des terrains ouverts et dépouillés de leur récolte, la plainte du propriétaire est nécessaire pour que l'action publique puisse se produire. L'autorisation est présumée, et, tant que le fait lui-même n'est pas dénoncé, rien ne permet à la justice de poursuivre, lors même que par avance et, je suppose, par des écriteaux placés sur ses terres, le maître du domaine aurait manifesté son intention à cet égard.

Il en est différemment quand la terre est couverte de ses fruits, ou close et attenant à une habitation : « Il faut s'abstenir, disaient les anciens, de chasser dans les cultures, en quelque lieu que ce soit. Quand on tombe sur des terrains où l'on ne doit pas chasser, il faut laisser là tout son appareil de chasse (1). » Ici, le maître est présumé ne permettre à personne de venir fouler ses récoltes ou pénétrer dans ses réserves. Dès lors, l'action publique peut avoir cours d'office, et le délinquant ne peut y échapper qu'en produisant une permission formelle antérieure au fait incriminé, et qui n'a pas été révoquée par son auteur. Car il reste bien entendu que l'autorisation peut, dans tous les cas, être retirée par celui qui l'a donnée, et ne sert plus en rien au chasseur dès le moment où ce retrait lui a été notifié.

46. — De ce que le droit de chasse appartient au seul propriétaire, il ne faut pas en conclure, pas plus en droit français qu'en droit romain, que le gibier n'appartient pas à celui qui s'en est emparé : il est la chose du premier occupant, et, si la loi en permet la confiscation lorsqu'il est saisi en temps prohibé, ce n'est là qu'une mesure d'exception introduite à titre de peine, et dont l'exécution n'atteint pas toujours le but que les législateurs ont eu en vue.

(1) Xénophon, *Traité de la chasse*, chap. V, *in fine*.

Quel est-il, en effet? de protéger la conservation du gibier. Or souvent, quand la chasse est prohibée, le gibier que prennent les braconniers se compose de couvées, perdrix prises sur les nids, ou à la chanterelle dans des filets. Au lieu d'en ordonner la mise en liberté par le gendarme qui les saisit, la loi veut qu'elles soient livrées à l'établissement de bienfaisance le plus voisin. Quoi qu'il en soit, cette anomalie n'ôte rien au principe qui donne au chasseur la propriété du gibier.

Il faut en tirer deux conséquences : l'une, c'est que le chasseur est responsable du gibier qu'il a pris ; l'autre, c'est que le propriétaire du terrain ne l'est pas des animaux qui vivent dans ses domaines. Le propriétaire d'un animal quel qu'il soit répond en effet du préjudice causé par cet animal. Telle est la disposition formelle de l'art. 1385 du Code civil.

En ce qui concerne la responsabilité du chasseur, elle sera rarement engagée. Le fait n'est cependant pas sans exemple, et la Cour de cassation a jugé, conformément aux principes, que le chasseur dont les chiens lancés à la poursuite d'un cerf ont forcé ce dernier aux abois à se précipiter d'une falaise sur une habitation particulière est responsable du dommage causé par cette chute, encore qu'il n'ait pu ni la prévoir ni l'empêcher (1). Et remarquons qu'il n'a pas la faculté de se libérer en abandonnant l'animal : cette alternative, reçue

(1) Cassation, 26 mars 1852. — Dalloz, 52, 1, 236.

en droit romain (1), n'a point passé dans la rédaction de l'art. 1385.

La même responsabilité aurait lieu eu égard aux dégâts causés par une bête apprivoisée qui nous appartiendrait.

47. — Quant à la question de savoir si le propriétaire du terrain n'est pas garant des animaux que renferme son domaine, elle donne lieu à plus de difficultés. Lorsqu'il s'agit d'animaux nomades et vagabonds, qui voyagent et se répandent partout, il n'y a pas de controverse. La présomption sur laquelle se fonde l'art. 1385 est que le propriétaire d'un animal aurait pu, par une surveillance plus active, empêcher le dommage causé par celui-ci; or, dans ce cas, le maître du fonds n'est pas propriétaire, et, en outre, il n'a pas le pouvoir de retenir les bêtes sauvages qui passent momentanément sur lui.

S'agit-il au contraire de gibier sédentaire, habitué à vivre dans certains cantonnements, comme les lapins, les renards, la décision est plus délicate. Elle ne fait pas de doute, suivant nous, en ce qui touche les lapins des garennes : ils sont considérés par les art. 524 et 564 du Code civil comme immeubles par destination, et appartiennent au maître du fonds où ils se tiennent. Celui-ci en est donc responsable, sans aucun doute, en vertu de l'art. 1385, et il est garant du dommage causé soit aux propriétés voisines, soit aux récoltes du fermier, sans

(1) Loi 1, § 12, Digeste, si quadrupes pauperem fec.

qu'il soit besoin d'articuler contre lui aucun fait ni faute, négligence ou imprudence (1). En vain objecterait-il que le droit de garenne a été aboli par les lois de 1789 ; que la responsabilité qui incombait au seigneur sous l'ancienne jurisprudence était la conséquence de son droit exclusif de chasse, et que l'une et l'autre sont tombés en même temps sous l'œuvre des législateurs.

Mais tout autre gibier relativement sédentaire n'a pas cette physionomie particulière attribuée aux lapins. Ainsi, des lièvres, des perdrix, des moineaux, qui pullulent dans mon domaine, ont fait des dégâts dans les récoltes de mes voisins : je n'en suis pas responsable. Ces animaux sont des *res nullius* que chacun pouvait détruire sur sa propriété, et repousser au moment du dommage par toute espèce de moyens : mes voisins ne peuvent donc pas s'en prendre à moi ; ils ne feront de reproche qu'à eux-mêmes pour n'avoir pas détruit le gibier à l'instant où il s'est répandu sur leurs terres. Peu importe donc qu'il se soit multiplié dans un bois m'appartenant au point de dévaster le voisinage : ce n'est pas par mon fait, et, d'un autre côté, aucune loi, aucun règlement ne m'obligeait à le détruire. Si je ne l'ai pas fait, ce n'est donc pas par négligence dans le sens juridique de cette expression, c'est dans l'exercice d'un droit qui m'appartient ; autrement il faudrait dire aussi que je réponds des dégâts causés par les loups, les renards, les sangliers qui se retirent dans mes bois. Et où s'arrêterait ma responsabilité (1)?

Cette responsabilité m'incombera en revanche si, par mon fait, ma négligence ou mon imprudence, j'ai permis et pour ainsi dire approuvé cette dévastation des héritages voisins : *Qui occasionem præstat, damnum fecisse videtur* (2). C'est ce qui arriverait si j'avais attiré le gibier chez moi, favorisé sa multiplication outre mesure, et refusé aux propriétaires riverains la permission de le détruire. Je ne suis pas responsable des brigands qui se sont installés dans ma forêt, mais je tombe en faute du moment où je protége leur retraite (3).

48. — La loi de 1844 ni le Code civil n'ayant rien statué quant à la propriété du gibier, on est obligé, en cette matière, de recourir aux principes de droit naturel. La propriété résultant ici de l'occupation, il est clair qu'elle commence au moment où l'animal a été capturé ; il n'importe, du reste, que la prise de possession ait été effectuée par des moyens licites ou non sur des terrains permis ou prohibés : le gibier est au chasseur. Sans doute, pendant l'époque où la chasse est interdite, la loi confisque le gibier, mais ce n'est pas pour en faire attribution à une personne déterminée. Le principe est donc intact. Dès que l'animal est pris, il appartient à celui qui s'en est emparé, et celui qui le

(1) Toullier, XI, n° 308. — Cass., 31 mai 1869; 29 août 1870.
(2) Loi 30, § 3, Digeste, *ad leg. Aquil.*
(3) Arrêt de Montmorency; Cass. janv. 1810; Rouen; 23 juin 1858; Cass., 21 juillet 1860. Dalloz 1, 426.

soustrairait commettrait un vol à son préjudice.

Or il faut considérer comme s'en étant emparé celui qui l'a tué ou mis en son pouvoir : tel est le cas du tendeur de filets propres à prendre le gibier. Il commet un délit, mais il devient propriétaire de la bête qui se prend à ses lacs : c'est lui, en effet, qui a commis le fait de chasse.

L'individu qui a blessé la bête de manière à pouvoir *sûrement* la prendre, de telle façon qu'on puisse la dire prise, en a également la propriété. Mais en est-il ainsi quand la blessure faite au gibier n'est que légère, ou que la simple poursuite a lieu ? en d'autres termes, la loi consacre-t-elle le *droit de suite*, suivant l'opinion de Trébatius (1)?

Dans l'ancien droit français, l'affirmative était admise. La loi salique punissait d'amende tout individu qui tuait un cerf poursuivi par les chiens d'un autre : *Si quis cervum quem alterius canes* MOVERUNT *aut lassaverunt, occideret aut celaverit,* DC *den., qui faciunt* XVIII *sol., culpa judicetur* (2)!

Frédéric Barberousse décidait que si un chasseur a poursuivi une bête avec des dogues ou des gros chiens de chasse, et s'il l'a blessée ou tuée avec une lance ou à coups d'épée, elle lui appartient désormais uniquement ; s'il l'a frappée avec un dard, une arbalète ou un arc, elle est à lui tant qu'il la poursuit ; mais s'il ne l'a découverte et poursuivie qu'avec des chiens à lièvre, tout autre peut la prendre aussi bien que lui (3).

(1) L. 5, § 1, Digeste, *de adq. rer. dom.*
(2) Loi salique, tit. XXXV, art. 1.
(3) Radevic, *de Gestis Friderici,* liv. 1, ch. XXVI.

La loi lombarde voulait que celui qui a trouvé ou tué une bête blessée par un autre lui en remît une épaule avec sept côtes (1) : disposition inspirée par l'histoire du sanglier de Calydonie, blessé d'abord par Atalante, achevé par Méléagre, qui en offrit galamment la dépouille à cette princesse (2).

En l'absence de textes, les jurisconsultes se sont prononcés eux aussi de diverses façons. Bouteiller prétendait que les animaux qui « phâonnent en l'air et en terre sont à celui qui le premier les peut prendre (3). » Puffendorf était du même avis ; d'après lui, la bête n'est au chasseur, avant d'être morte, que si elle est mortellement atteinte ou considérablement harassée (4). Barbeyrac, au contraire, en commentant Puffendorf, a déclaré que la poursuite continuelle à vue suffit pour entraîner la propriété. Mais cette doctrine, plus civile au dire de Pothier (5), n'a pas prévalu : il n'est pas nécessaire sans doute de s'être emparé de la bête et d'avoir mis la main dessus, mais il faut qu'elle soit en notre pouvoir de manière à ce qu'elle ne puisse nous échapper (6) ; en un mot, la solution des difficultés à cet égard dépendra toujours d'une question de fait et d'appréciation, pour laquelle les tribunaux sont souverains. D'où il faut conclure que l'individu, peu délicat il est vrai, qui tue au

(1) Liv. I, t. xIII, l. 5 et 6.
(2) Ovide, *Métamorphoses*, l. VIII, v. 427.
(3) Bouteiller, *Somme rurale*, 36.
(4) *Droit des gens*, IV, 6, n° 10.
(5) Pothier, *de la Propriété*, n° 26.
(6) Proudhon, *du Domaine de propriété*, t. I, n° 335.

z des chiens le gibier que ceux-ci poursuivent
t parfaitement dans son droit, tant que la bête
est pas forcée ou blessée grièvement. Conclu-
on sans doute très-juridique, mais qui, au point
: vue du droit naturel, comporterait une dis-
action entre la chasse à courre et les autres modes
: chasse. Il est difficile d'admettre, en effet, que
chasseur qui poursuit avec sa meute un animal
'il a lancé n'a pas sur lui un droit d'une certaine
ture, non pas un droit de propriété entière,
ais une sorte de privilége naissant de l'espoir
en fondé et des chances qu'il a contre tout autre
: parvenir à cette véritable propriété.

— *Quid juris* dans le cas où un gibier tué par
imus, qui l'a abandonné après de vaines re-
erches, est trouvé par Secundus? s'agit-il là d'un
jet *pro derelicto* sur lequel le chasseur n'a plus
cun droit, ou d'une chose perdue qui ne peut être
quise à l'inventeur que par la prescription (1)?
Cette dernière solution nous semble bonne en
incipe, car, si Primus a abdiqué sa possession sur
bjet, c'est forcément et sans sa volonté : il ne
ut être question d'abandon. Mais il faut réserver
r ce point toutes les questions de bonne ou de
auvaise foi résultant des faits qui doivent déter-
iner le juge à prononcer, dans les différentes
pèces, suivant l'équité.

— L'application du principe que nous venons
: poser, à savoir que le gibier poursuivi n'appar-

1) V. *infra*, n° 60.

— 150 —

tient encore à personne, va nous aider à résoudre la question de savoir si le *droit de suite* existe à l'encontre du propriétaire du terrain.

Dès le temps de la féodalité, et malgré l'opinion de certains auteurs qui, avec Graverol, prétendaient qu'un seigneur pouvait, nonobstant la volonté de son voisin, poursuivre sur sa propriété la bête par lui levée et chassée (1), la jurisprudence s'était prononcée contre le droit de suite. Par arrêt de la Table-de-Marbre, il fut défendu (2) « au seigneur d'Aignan d'entrer à l'avenir sur les terres de Jean-François de Montesquiou, seigneur de Marsau, avec ses chiens et ses oyseaux, avant d'avoir fait prévenir ce dernier qu'il n'y entrait que pour rompre les chiens, les retirer couplés, et prendre les oyseaux pour les rapporter au poing. » On cite encore un arrêt, rendu entre roturiers cette fois, qui condamna un particulier à 500 livres de dommages-intérêts pour avoir poursuivi avec sa meute un lièvre sur le terrain d'autrui (3).

Cette jurisprudence a dicté les lois actuelles. En considération des progrès de la culture, qu'il faut avant tout respecter, et du grand principe d'inviolabilité de la propriété, les lois de 1789 à 1844 ont toutes repoussé la possibilité pour le chasseur de suivre le gibier sur le terrain du voisin. « Le chasseur, a demandé M. Decazes lors de la discussion

(1) Graverol, *Observations sur les arrêts du parlement de Toulouse.*
(2) Boutaric, *Traité des droits seigneuriaux.*
(3) Merlin, *Répertoire*, v° Chasse, p. 52.

de 1844, peut-il passer sur le terrain d'autrui? — Non, du tout, répondit M. Franck-Carré, rapporteur de la commission; s'il le fait, il commettra un délit.» Par conséquent, pas plus la chasse à courre que la chasse à tir n'a été permise sur le terrain d'autrui sans la permission du propriétaire; de même, on n'a pas permis non plus d'y poursuivre la bête lancée sur un domaine où l'on possède le droit de chasse.

C'est la conséquence de la règle qui vient d'être expliquée plus haut. Le droit de poursuite ne pourrait être justifié que par un droit reconnu au chasseur sur le gibier lancé. Sans doute, s'il s'agit d'une bête que vous avez tuée, ou qui est blessée *ita ut capi possit*, rien ne peut vous empêcher de vous en emparer. En pénétrant chez le voisin pour la ramasser, vous pouvez violer son droit de propriété, mais à coup sûr vous ne commettez pas un délit de chasse : le fait de chasse est accompli dès que le gibier est pris; les actes postérieurs n'en sont plus les éléments, et le chasseur qui entre sur le terrain d'autrui pour y chercher le gibier tué sur sa propriété à lui ne peut être poursuivi du chef de la loi de 1844. Bien plus, le maître du terrain qui, empêchant le chasseur de venir chercher son gibier, refuserait de le lui restituer, se rendrait coupable de vol. Le droit qui appartient au chasseur sur la pièce tuée lui donne donc, en ce cas, la faculté d'entrer impunément sur les terres prohibées. Mais s'il s'agit d'un animal lancé ou légèrement blessé, ce droit, juridiquement, n'existe plus : la bête poursuivie ou blessée n'est pas plus à vous que celle qui dort tranquillement dans son gîte : on peut vous l'enlever sans délit, la tuer devant vos chiens. Sous quel prétexte iriez-vous la poursuivre chez autrui ?

Le droit de suite est donc incompatible avec la nature légale du gibier. Ce qui veut dire que le chasseur à courre n'a pas plus le droit d'entrer avec sa meute sur l'héritage d'autrui, lors même qu'il courrait un lièvre lancé sur son propre terrain, que le chasseur à tir n'a le droit d'y poursuivre les perdreaux qui s'y sont remisés; et que, s'il reste inactif et ne cherche pas à arrêter ses chiens lorsqu'ils vont y entrer, il commet encore un délit de chasse.

Mais si, malgré tous ses efforts pour rompre les chiens, ceux-ci ont continué leur course, sera-t-il responsable du fait qui a lieu, et devra-t-on lui imputer de s'être exposé, en chassant, à un fait de cette nature ? Dans cette hypothèse, la loi vient au secours de ce chasseur impuissant. « *Pourra*, en effet, porte l'article 11, ne pas être considéré comme fait de chasse le passage des chiens *courants* sur l'héritage d'autrui, lorsqu'ils seront à la suite d'un gibier lancé sur la propriété de leur maître. » Ainsi cet article, par la forme de sa rédaction, n'admet point le droit de suite; seulement, le législateur laisse aux tribunaux le soin de rechercher si l'individu dont les chiens traversent un héritage n'a pas fait tout ce qui dépendait de lui pour les retenir, et il leur permet de condamner dans ce cas; mais ils ont la faculté d'acquitter si la condamnation leur paraît une injustice, en raison des tentatives infructueuses du chasseur pour empêcher sa meute de poursuivre le gibier.

Il va sans dire que, dans tous les cas, le propriétaire des chiens peut être l'objet d'une action civile de la part du propriétaire du champ envahi, s'ils y ont commis des dommages appréciables (art. 1385; loi du 3 mai 1844, art. 11). Le passage des chiens n'est donc qu'un fait qui peut être excusable, mais jamais un droit pour le chasseur, sauf cependant le cas où il serait enclavé, à charge d'une indemnité proportionnée au dommage qu'il peut occasionner (1).

§ 2. — *Pêche.*

49. — La pêche est régie par des règles analogues à celles qui réglementent le droit de chasse. Nous allons brièvement les résumer.

D'abord, il est incontestable que le poisson appartient à celui qui s'en est emparé, lors même que cette occupation serait le résultat d'un délit. La disposition de la loi de 1829 (art. 5), qui ordonne la restitution du prix du poisson, ne porte aucune atteinte à ce droit : il n'y a là qu'une peine destinée à faire obtenir au propriétaire des dommages-intérêts pour le préjudice moral. D'un autre côté, le droit de pêche, qui a subi dans l'ancienne juris-

(1) Art. 682 et suiv. du Code civil.

prudence le même sort que le droit de chasse, appartient maintenant au propriétaire, sous réserve toutefois des lois de police et de protection, qui prohibent la pêche en certaine saison et défendent l'emploi d'engins trop destructeurs, tels que les filets traînants, la fouane, ou de drogues comme la coque du Levant. Le propriétaire, du reste, est celui du cours d'eau, c'est-à-dire l'État pour les rivières navigables ou flottables, les riverains pour les petites rivières. Dans les canaux creusés de main d'homme, le droit appartient au propriétaire du canal lui-même, et non pas aux riverains (1).

Le droit de pêche s'exerce au profit de l'État dans les fleuves, rivières, canaux et contre-fossés navigables ou flottables avec bateau, trains ou radeaux — (car le flottage à bûches perdues n'est pas compris dans cette classe), — ou dont l'entretien est à la charge de l'État ou de ses ayant-cause. Mais comme il est une dépendance du domaine public, il est inaliénable et imprescriptible, de même que les rivières où il s'exerce; les particuliers ne peuvent donc exercer ce droit qu'en vertu de concessions faites par la nation.

On s'est demandé, à ce propos, si les lois abolitives de la féodalité ont enlevé aux tiers les droits que ceux-ci avaient pu acquérir en vertu de titres émanant de l'autorité royale, par exemple les droits de pêche établis à perpétuité à leur profit dans les

(1) Loi du 15 avril 1829, art. 1er.

cours d'eau du domaine public. Aucun texte précis n'existant à cet égard ni dans la loi de 1829 ni dans les lois de la Révolution, et surtout les discussions du projet de loi n'ayant aucun caractère concluant, certains auteurs ont été portés à appliquer la règle générale: ils maintiennent toutes les concessions antérieures à 1566, époque où le principe d'inaliénabilité et d'imprescriptibilité du domaine public a été reconnu, faites en vertu de titres réguliers, tels qu'engagements, concessions perpétuelles ou inféodations, prescriptions (1).

Tel n'est point notre avis. Le droit de pêche établi à perpétuité n'est pas un droit réel; il constitue une servitude entachée de personnalité, prohibée formellement par le Code civil (2). Or la loi de 1789, en abolissant les services féodaux ou *servitudes*, ne les a pas plus tolérés vis-à-vis de l'État que vis-à-vis des particuliers; de sorte que les droits ou prestations de ce genre ont été radicalement abolis dans le passé et interdits pour l'avenir, quelle que soit l'époque de leur établissement (3).

§ 3. — *Choses du cru de la mer, etc.*

50. — A côté de la pêche et de la chasse, l'occupation s'applique encore à des choses qui n'ont

(1) Cour d'Orléans, 19 juin 1846.
(2) Art. 686. — Demolombe, *Servitudes*, t. II, p. 197. — Cujas, *Observal.* XXIV. — Cour de Caen, 10 décembre 1831.
(3) Cour de cass., 13 janvier 1861. — Décrets des 6-30 juillet 1793 et 8 frimaire an II.

jamais eu de maître : ce sont les pierres précieuses, les cailloux, les choses du cru de la mer. Tous ces objets sont *res nullius* proprement dites ; ils s'acquièrent donc suivant les règles générales de l'occupation. Mais les choses du cru de la mer sont cependant soumises à certaines dispositions restrictives.

D'après l'ordonnance de 1681, encore appliquée, les objets du cru de la mer, coquillages, corail, dans l'ancien droit *choses gayves* (1), appartiennent en entier à l'inventeur, s'il les a trouvés au fond de la mer. Les a-t-il trouvés au bord, il doit en faire la déclaration, dans les vingt-quatre heures, à l'autorité compétente, et, dans ce cas, la trouvaille est partagée par tiers entre l'inventeur, l'État et l'amirauté (2). Il en est de même des poissons gras ou à lard, baleines, marsouins, trouvés sur le rivage : l'inventeur en prend un tiers. Certains poissons seulement, comme les dauphins, appelés *poissons royaux*, reviennent à l'État pour le tout, sauf payement des frais de sauvetage (3).

—Le cru le plus important est certainement l'herbe qui croît au bord de la mer, varechs et goëmons, à cause de son utilité agricole et de la grande quantité qu'on en recueille chaque année. L'ordonnance de 1681 y consacre un titre tout entier : elle attribue au premier occupant les varechs qui se trouvent

(1) Dict. de Trévoux.—Coutume de Normandie, ch. XIX, art. 601.
— Ord. de Louis le Hutin, 23 juillet 1315.
(2) Ord. de 1681, liv. III, t. IX, art. 29.
(3) *Eod.*, liv. V, t. VII, art. 1er.

détachés du fond de la mer; les autres appartiennent aux habitants des communes et paroisses voisines. Une déclaration de 1772 (1) a substitué à cette réglementation une liberté presque illimitée, jusqu'à ce que ce droit fût restitué aux communes (2) riveraines en proportion de l'étendue de leur territoire, en permettant aux préfets de prendre des arrêtés à cet égard, arrêtés souverains jusqu'en 1852, époque où il fut voté qu'à l'avenir les préfets seraient tenus de respecter les décrets qui seraient rendus dans l'intérêt de la conservation du poisson (3).

De ce que la loi attribue les varechs et goëmons aux habitants dans un intérêt agricole, il s'ensuit qu'il leur est interdit de les sortir du territoire des communes, et de les vendre aux étrangers. Il n'est pas permis non plus, pour la même raison, aux habitants de se faire aider par des étrangers pour la récolte des varechs, et de s'en attribuer ainsi une part plus grande que celle qui leur revient proportionnellement (4). Mais cette règle n'est absolue qu'en tant qu'elle est équitable, car il faut bien admettre que les veuves ou les enfants qui seraient propriétaires dans une commune où se récoltent les varechs peuvent se faire aider par d'autres, sans quoi leur droit serait illusoire (5).

(1) 30 octobre 1772.
(2) Décret du 18 thermidor an X.
(3) Loi du 9 janvier - 1er février 1852, art. 3, § 6.
(4) Cass., 23 novembre 1838.
(5) Arrêté préfectoral du Finistère, 6 nov. 1813. — Cass., 7 août 1839.

51. — On s'est demandé à qui appartient la propriété d'un *aérolithe*, et si l'occupation le fait acquérir à l'occupant. Nous déciderons qu'il revient au propriétaire du fonds sur lequel il tombe. A vrai dire, la pierre tombée du ciel n'est pas l'accessoire du terrain, pas plus que la pluie ni la poussière; mais cependant le propriétaire nous semble seul avoir le droit de s'en emparer : d'abord, parce qu'il est maître du dessus comme du dessous; ensuite parce que, supportant les inconvénients, il est juste qu'il profite de l'avantage. Or un aérolithe peut causer de grands dégâts, soit en raison de son poids, soit à cause de la chaleur qu'il développe (1) : ne faut-il pas que le propriétaire qui en souffre soit rémunéré par l'acquisition de l'objet (2)?

III. — OCCUPATION DES CHOSES QUI ONT APPARTENU A QUELQU'UN.

Nous arrivons à l'examen des choses qui ne sont pas *res nullius* par nature, mais qui, ayant eu un maître, l'ont perdu ou ont été perdues par lui. Elles se divisent elles-mêmes en trois catégories : 1° les objets que le propriétaire a abandonnés, sur lesquels, par conséquent, il n'a plus aucun droit; 2° ceux qui peuvent avoir un propriétaire que l'on ne connaît pas, et 3° ceux qui ont été perdus.

(1) *Conf.* De Humbold, *Cosmos;* J. Herschel, *Astronomie.*
(2) M. Abel Pervinquière à son *cours*, novembre 1867.

La même division nous a déjà guidés en droit romain.

§ 1er. — *Choses abandonnées.*

52. — Si le lien de la propriété attache les biens à l'homme, dit Toullier (1), il n'attache pas l'homme aux biens. Il peut donc les abandonner soit au profit d'une autre personne pour se soustraire aux charges qu'elle peut exiger [comme cela avait lieu dans l'ancienne jurisprudence sous le nom de *déguerpissement* ou *exponse*, afin de se dispenser des devoirs féodaux, et comme cela a lieu encore aujourd'hui quand on délaisse une portion du mur mitoyen pour éviter de contribuer aux réparations et reconstructions, le fond servant pour se libérer de l'obligation de fournir la servitude, le bien hypothéqué, pour éteindre l'hypothèque qui le grève (2)], soit qu'il les laisse *pro derelicto,* sans intention d'en transférer la propriété. Dans cette dernière hypothèse, qui ne se présente, avons-nous dit, que pour les meubles, l'occupation les fera acquérir à celui qui s'en emparera, suivant les règles exposées plus haut.

C'est ainsi que le chiffonnier acquiert les chiffons qui ont été jetés sur la voie publique, les bouts de cigares et autres objets dont le maître s'est débarrassé, n'en ayant que faire.

(1) *Droit civil,* t. III, n° 339.
(2) Art. 656, 699, 2173 du Code civil.

Mais à quel signe reconnaitra-t-on que l'on a affaire à une chose abandonnée? Il peut arriver qu'on prenne pour telle un objet simplement perdu, et qu'on s'en empare. La loi romaine reconnaissait pour ce cas qu'il n'y avait pas lieu à l'action de vol, en raison de la bonne foi de l'inventeur, mais que la restitution devait avoir lieu. Chez nous, le principe est le même. Il faudra donc s'assurer si la chose a été abandonnée par le maître avec l'intention d'en perdre la propriété, ce qui arrive rarement pour les objets d'une grande valeur.

Il y aura, par exemple, présomption d'abandon de la part de celui qui délaisse un objet dont la conservation n'est pas possible, comme un fruit, un comestible; s'il s'en défait, c'est évidemment pour ne pas le reprendre, puisque quelques heures suffisent pour en rendre la propriété inutile (1).

Dans tous les cas le propriétaire aura la faculté de prouver son intention, par témoins, présomptions graves, précises et concordantes, quelle que soit la valeur de l'objet; car c'est là un des cas où, d'après l'art. 1348 du Code civil, il n'a pas été possible au créancier de se procurer une preuve littérale de l'obligation qu'on a contractée envers lui.

Or, s'il est prouvé que l'objet supposé abandonné n'a été que perdu, la restitution devra en être faite par le détenteur qui n'aura pas prescrit.

53. — L'occupation des portions de récolte qui sont abandonnées dans les champs par le proprié-

_____

(1) Loi 43, § 11, Dig., _de furtis._

taire est réglementée par les lois sous le nom de
glanage et de *grapillage*.

Le privilége de ramasser dans les champs ce qui
reste après la moisson a toujours été reconnu aux
gens pauvres, depuis les prescriptions du Lévi-
tique (1), qui ordonne aux maîtres des terrains de
laisser les chaumes et le grain tombé des gerbes.
Dans l'ancien droit, la matière avait été réglée par
les ordonnances de 1261 et surtout de 1554, qui ne
permettaient le droit de glanage qu'aux gens âgés,
débiles, et aux enfants, sous peine d'être puni
comme voleur.

L'Assemblée nationale décida, par la loi du 28 septembre 1791, qu'on ne pourrait entrer dans les
champs pour glaner qu'après l'enlèvement complet
des fruits. Toute contravention était punie de la
confiscation des objets et, dans certains cas, de la
détention du coupable. Le projet de Code rural
de 1808 ajouta que l'enlèvement des restes de
récolte ne pourrait avoir lieu que sur les terrains
ouverts.

Aujourd'hui, cette matière se trouve réglée par
les anciens usages en tout ce qui n'a pas été prévu
par un texte de loi, ainsi qu'il résulte de la doctrine de la Cour de cassation (2), et cela bien que
ces usages n'aient pas été renouvelés par arrêtés
municipaux.

— D'après la loi du 28 septembre 1791 (3), les

(1) *Lév.*, ch. XIX, v. 9 et 10; ch. XXIII, v. 22.
(2) Cass., 23 déc. 1818.
(3) Tit. II, art. 22.

bergers ne peuvent mener les troupeaux dans les champs moissonnés que deux jours après la récolte, sous peine d'une amende égale à trois journées de travail (1), et, s'ils y entrent avant la fin de la récolte, sous les peines de l'art. 471 du Code pénal.

— Le *glanage* s'applique aux moissons, le *grapillage* à la vendange. L'autorité municipale peut régler cette faculté dans les mêmes conditions qu'elle réglemente les bans de vendange (2).

Le *râtelage* est propre aux prairies. On appelle *chaumage* une servitude imposée dans l'ancien droit aux fonds en faveur des pauvres des paroisses, d'après laquelle le propriétaire était obligé de laisser les pailles adhérentes au sol. Les conseils municipaux règlent le chaumage dans les localités où il a été conservé; ils décident quels sont les modes d'exercice de cet usage (3), sans pouvoir cependant porter atteinte aux anciens règlements qui défendraient de glaner dans les trèfles, luzernes et sainfoins avec des râteaux en fer.

Sous le nom de *cherpille*, on entendait dans le Beaujolais une coutume qui consistait à aller chez le voisin couper le blé, en réservant pour soi la dixième gerbe (4). Cet usage été aboli par la loi du 28 septembre 1791. Aujourd'hui, la cherpille constituerait une voie de fait tombant sous le coup

---

(1) Loi du 23 thermidor an IV, art 2.
(2) Cass., 3 fév. 1827.
(3) Cass., 20 oct. 1851.
(4) Merlin, v° *Cherpille.*

de l'art. 605 du Code du 3 brumaire an IX, non abrogé (art. 484, C. pén.).

—Les auteurs signalent comme existant de temps immémorial un droit de pacage pour les voituriers qui transportent des bois destinés à la ville de Paris (1).

— Les règles du *glanage, grapillage*, etc., ont leur sanction dans l'art. 471, § 10, du Code pénal, qui défend, à peine de 1 à 5 francs d'amende, de glaner dans les champs non entièrement dépouillés et vidés de leur récolte, et avant le lever ou après le coucher du soleil. Quoique l'article ne le dise pas, il est clair qu'en cas de contravention, le coupable n'acquiert pas la propriété de ce qu'il a ramassé. Il s'agit là d'une chose présumée abandonnée; or la présomption d'abandon cesse du moment où les caractères du glanage n'existent pas.

§ 2. — *Choses présumées sans propriétaire; trésor.*

Parmi les choses dont le propriétaire est inconnu, les unes sont présumées par la loi n'avoir pas de maître; les autres, au contraire, sont considérées comme appartenant encore à quelqu'un. Les premières de ces choses sont les trésors.

54. — L'art. 716 du Code civil appelle trésor « toute chose cachée ou enfouie sur laquelle per-

(1) Arrêt du Parlement du 23 août 1753;—ord. de 1672, ch. XVII, art. 4; — ord. du bureau de la ville du 17 oct. 1771. — Cet usage a été maintenu, malgré les efforts faits en 1827 par l'administration des forêts pour son abolition.

» sonne ne peut justifier sa propriété, et qui est
» découverte par le pur effet du hasard. »

On n'exige plus, comme en droit romain, l'ancienneté de l'objet enfoui. Les mots *toute chose cachée ou enfouie* excluent ce qui serait trouvé à la surface de la terre ou dans un lieu apparent. Il faut, de plus, que personne ne puisse *justifier sa propriété.*

Il résulte de cette définition que l'objet trouvé autrement que par hasard, *data ad hoc opera*, n'est plus un trésor : il est un accessoire du fonds et appartient par cela même en entier au propriétaire, lors même qu'il est trouvé par un autre. Il en résulte encore qu'on ne doit pas considérer comme des trésors des tombeaux trouvés en terre, parce qu'on ne peut pas dire proprement qu'ils y ont été cachées : une chose n'a été cachée que quand elle l'a été volontairement, soit pour la conserver, soit pour la soustraire : *vel lucri, vel metus, vel custodiæ causa* (1). Or les tombeaux trouvés en terre n'y ont pas été placés dans un intérêt de ce genre (2).

Il en résulte enfin que si quelqu'un peut justifier de sa propriété sur la chose découverte, elle cesse d'être un trésor et doit être assimilée aux choses égarées. Par suite, ni l'inventeur ni le propriétaire du fonds n'y auront droit : le maître véritable sera connu. Donc l'acquisition instantanée ne peut se produire au profit de personne, à moins cependant

(1) L. 31, § 1, Dig., *de adq. rer. dom.*
(2) Cour de Bordeaux, 6 août 1806.

que l'inventeur ne prouve que l'objet caché a été abandonné *pro derelicto* par son propriétaire.

55. — Le trésor ainsi défini appartient à celui qui le trouve dans son propre fonds. S'il est trouvé sur le fonds d'autrui, il appartient pour moitié à celui qui l'a découvert, et, pour l'autre moitié, au propriétaire. Le texte du Code civil est en cela conforme à la théorie adoptée par Justinien, et suivie en France (1) dans les pays de droit écrit.

— Le propriétaire est celui qui a sur le fonds le *plenum dominium.* Le trésor n'est ni un fruit ni un produit du sol : *Nullo modo est fructus fundi, nec naturalis nec civilis* (2). Aussi n'est-il attribué ni au fermier, ni à l'usufruitier (3), qui n'ont droit qu'aux fruits, ni au possesseur de bonne foi (4). Quant à l'emphytéote, Vinnius prétend que la moitié *jure soli* lui est attribuée, parce que le droit de l'emphytéote est plus étendu que celui de l'usufruitier, qui n'a que la jouissance de la chose, tandis que celui-là en retire toute l'utilité quelconque, même les arbres abattus par le vent, qui ne sont jamais attribués à l'usufruitier. L'emphytéose est presque un droit de propriété, puisqu'en droit romain, le preneur avait la revendication utile même contre le maître du domaine direct. Mais cette opinion de Vinnius doit être rejetée sous l'empire du

(1) Ferrières, v° *Trésor.*
(2) Dumoulin, *Coutume de Paris*, I, § 1, Gl. I, n° 60.
(3) Art. 598.
(4) Art. 549.

Code civil, puisqu'il n'y est question que du propriétaire.

C'est pour la même raison que le trésor ne devrait pas appartenir à l'individu qui a sur le fonds un droit de superficie. De même, celui qui achète les matériaux d'une maison et qui y trouve un trésor ne peut pas en bénéficier (1); car il n'est pas le propriétaire du fonds. Mais il en serait différemment si la maison avait été vendue en entier séparément du sol, ou pour certains étages seulement ; dans ce cas, le trésor qu'on y découvrirait ne serait plus l'accessoire du sol, mais bien celui de l'immeuble tel qu'on en est propriétaire.

La part *jure soli* du trésor trouvé dans le mur mitoyen appartiendrait aux deux copropriétaires pour moitié à chacun, lors même qu'il serait trouvé dans un des côtés du mur : le droit est *totum in toto, et totum in qualibet parte* (2).

L'inventeur, aux termes mêmes de l'art. 716, est celui qui a découvert le trésor ; de telle sorte que les ouvriers qui font des fouilles pour autrui et qui découvrent un trésor l'acquièrent pour eux-mêmes et non pour la personne qui les emploie. Et il faut entendre ici par *inventeur* celui qui a mis le trésor au jour, et non pas celui qui l'a vu le premier, ou même qui s'en est emparé.

Mais le trésor peut être découvert par des instruments, des outils : il n'en est pas moins à nous. De

(1) Cour de Paris, 26 sept. 1825.
(2) M. Abel Perrinquière *à son cours*, 1857.

même il pourrait arriver qu'un animal, en grattant, découvrit un trésor : la moitié en appartiendra au propriétaire de l'animal. Chassaneux cite le cas d'un chien dressé à cet usage, *ad id doctus*, et décide que la solution sera la même : *Quod si thesaurus inveniatur per canem ad id doctum, cedit domino canis* (1). C'est par erreur assurément, car la trouvaille n'est pas faite par le pur effet du hasard, si le chien est habile à trouver les trésors (2). L'auteur croit utile d'ajouter que ce fait se produit rarement dans la pratique : *Ideo non est insistendum. Ea quæ raro accidunt in agendis negotiis non temere computantur* (3).

Une moitié appartenant au propriétaire du fonds, il faut tenir que l'inventeur qui garderait pour lui le trésor tout entier serait coupable de vol. Mais faut-il dire que cette faute le ferait priver même de la part qui lui revient *jure inventionis?* en autres termes, le recélé devient-il dans ce cas une cause de déchéance? Les jurisconsultes de l'ancien droit (4), s'autorisant d'une loi de l'empereur Léon (5), l'avaient soutenu, et cette doctrine avait été admise par les parlements, ainsi que le constate un arrêt de Toulouse (6); mais elle ne peut être soutenue en droit civil actuel : rien, dans la loi, ne prononce une pa-

---

(1) Commentaire sur la Coutume de Bourgogne, *Des just. et dr. d'ic.*
(2) Demolombe, *Successions*, t. I.
(3) Loi 64, Dig., *de regulis juris.*
(4) Boutarie, *Droits seigneuriaux.*
(5) Léon, *Novelle*, LI.
(6) 9 juillet 1697.

reille peine. Si elle a été admise pour l'héritier qui recèle des valeurs de la succession (art. 792 et 801), et pour celui des époux qui a détourné des effets de la communauté (art. 1477), le texte même des articles qui la consacrent dans ces cas particuliers est limitatif et ne comporte aucune extension.

Espèces.—1° Primus, possesseur de mauvaise foi, a fait sur le fonds de Secundus des fouilles qu'il n'avait pas le droit de faire, mais sans intention d'y chercher un trésor. Il en a en trouvé un : a-t-il droit à la moitié de sa trouvaille ? Oui, parce qu'elle a été faite par le pur effet du hasard (1).

2° Primus a fait intentionnellement des recherches pour découvrir un trésor dans un fonds qui ne lui appartient pas, mais dont il est possesseur de bonne foi : *quid juris ?* Le trésor appartient en entier au véritable propriétaire; car, d'après l'article 716, toute chose qui n'est pas trouvée par le pur effet du hasard n'est pas un trésor. Or, si elle n'est pas un trésor, elle n'est pas non plus un fruit, mais le possesseur de bonne foi n'a droit qu'aux fruits. Sans doute les fouilles qu'il a faites ne l'ont pas mis en faute, puisqu'il pouvait se croire dans son droit; mais à quel titre aurait-il part au trésor ? comme propriétaire ou possesseur ? non, car la moitié *jure soli* appartient au véritable maître; comme inventeur ? non encore, puisqu'il n'a pas découvert par le pur effet du hasard (2).

(1) Demolombe, t. XIII, p. 63.
(2) *Cont.* Demol., *eod.*

56. — Après avoir défini le trésor et indiqué de quelle manière la loi en fait attribution, il convient de rechercher quelle est sa nature, et cela pour des raisons juridiques qui nous reviendront bientôt. Le trésor n'est pas un fruit, c'est une chose que le hasard dispense à des personnes que le législateur désigne : de ces personnes, l'une recueille par droit d'occupation, l'autre par droit d'aubaine. C'est ce dernier droit qu'il faut bien déterminer.

Par sa nature extrajuridique, par les caractères qu'exige de lui le droit civil, le trésor devrait être, en principe, la propriété du premier occupant : c'est une chose sans maître. Cependant, pour des raisons déjà dites, une portion de cette chose est retirée à l'inventeur pour être attribuée au propriétaire du sol *jure soli*, par un certain droit particulier. Ne disons pas avec Toullier (1) que le trésor appartient d'abord au sol, et que c'est par accident que la propriété s'en trouve réduite de moitié quand il est découvert par un tiers. Cet auteur l'assimile à une bourse perdue dont le propriétaire promet de donner une partie à l'inventeur pour l'engager à la lui rapporter : opinion qui n'est ni équitable ni juridique, parce qu'il ne peut être question ni de propriétaire ni de récompense, le trésor étant *res nullius* et découvert par le pur effet du hasard. Ne disons pas non plus avec Dumoulin (2) que le trésor n'est pas une partie du sol,

(1) *Droit civil français*, t. XII, n° 129.
(2) *Sur la Coutume de Paris*, loc. cit.

pars vel portio aliqualis fundi, même pour la moitié qui est donnée au propriétaire. Cette moitié doit être considérée comme l'accession de l'immeuble. Pourquoi? parce qu'il n'est pas possible de trouver une autre cause d'attribution de cette moitié *jure soli*, et que c'est la seule explication possible de l'art. 716. Ce n'est pas par occupation que le propriétaire acquiert cette moitié; ce n'est pas non plus par les moyens du droit civil. On objecte qu'il acquiert par la loi! cette explication ne satisfait personne. Est-ce que l'on acquiert autrement que par la loi? Les successions sont-elles autre chose qu'une acquisition par la loi? les donations? les obligations? La loi sanctionne les modes d'acquisition, mais elle ne fait rien en dehors de ces moyens qu'elle reconnaît. De là la nécessité de faire entrer dans un des modes naturels ou civils tel ou tel cas d'acquisition que la loi protège. La moitié *jure soli* du trésor ne peut s'acquérir que par accession : elle est l'accessoire du sol.

De là dérivent des conséquences.

— Une difficulté grave se pose relativement aux droits des époux communs en biens.

Il n'y a pas de controverse sérieuse en ce qui concerne la part du trésor attribuée à l'inventeur. Elle est meuble; qu'elle soit trouvée dans un propre ou dans un acquêt, ou même dans le fonds d'autrui, elle tombe en communauté. Remarquons seulement que le trésor n'existe que du jour où il a été découvert : d'où il suit que s'il l'a été après la dissolution de la communauté, il reste propre à l'inventeur. Il ne peut y avoir d'effet rétroactif.

Mais en ce qui touche l'autre moitié du trésor, la question donne lieu à deux systèmes. Le premier soutient, après d'Argentré et Duplessis, que si le trésor est trouvé par un époux sur son propre fonds, la totalité tombe dans les biens communs, parce que le trésor est tout entier meuble par le fait, et meuble aussi par la loi, qui n'a réglé dans l'art. 716 que les droits de l'inventeur vis-à-vis du propriétaire, sans rien préjuger de la nature juridique du trésor (1).

La seconde opinion, adoptée par Marcadé et la majorité des jurisconsultes, nous semble plus conforme aux vrais principes applicables à la matière. L'art. 716 détermine, suivant ces auteurs, cette nature juridique; par conséquent, c'est à lui qu'il faut s'en rapporter. Or, après avoir reconnu le *jus inventionis*, il le restreint par une exception qui fait de la moitié du trésor l'accession du fonds immeuble, puisqu'elle n'est ni un fruit ni un produit (art. 598). Elle ne peut donc appartenir à la communauté comme bien meuble ordinaire, ni comme fruit du propre. C'était l'opinion de Chopin (2) et de Pothier (3). Quant aux jurisconsultes de l'ancien droit qui pensaient autrement, ils s'appuyaient sur ce que le trésor était un meuble, un don de Dieu purement

(1) Merlin, *Répertoire*, § 2, n° 4; Buguet, *s. Pothier*, VII, 93; Troplong, I, 117.
(2) *Coutume de Paris*, l. I, t. I, n° 30.
(3) Pothier, *Communauté*, n° 93.

mobilier ; et on les voit combattre la doctrine de Chopin, qui prétendait qu'on devait le considérer fictivement comme immobilier. Or, cette doctrine de Chopin étant précisément celle du Code pour la moitié du trésor, la conséquence n'en saurait être douteuse pour cette moitié (1).

— Si le trésor est l'accessoire du fonds, il faut en conclure que l'hypothèque qui frappe le fonds s'étendra aussi au trésor pour la portion *jure soli*. Elle subsiste en entier sur chaque portion des biens (2), et, une fois acquise, s'étend à toutes les améliorations survenues à l'immeuble affecté (3), à plus forte raison s'étend-elle aux accessoires des biens.

Mais comme le trésor n'existe légalement que du moment où il a été découvert, l'hypothèque ne pourrait pas frapper un objet trouvé depuis son extinction, sous prétexte qu'il existait dans le fonds alors qu'elle le grevait.

— C'est pour cette dernière raison que la découverte d'un trésor dans un fonds vendu ou attribué par partage ne donnerait pas lieu à l'action en rescision pour cause de lésion de plus des sept douzièmes ou de plus du quart (4). Le trésor n'existait pas au moment de la vente ou du partage ; donc, à ce moment, la lésion ne pouvait exister. L'inégalité des lots est survenue postérieurement

(1) Marcadé, *sur l'art.* 1503, n° 5.
(2) Art. 2114.
(3) Art. 2133.
(4) Art. 1674 et 887.

par un fait fortuit, imprévu, ou dépendant de l'habileté ou de la chance du nouveau propriétaire; il ne doit donc rien à personne. Viendrait-on dire, de même, qu'il y a lésion si l'acheteur ou le cohéritier découvrait dans son fonds une carrière ou mine qui en doublerait la valeur? L'espèce est analogue sous le rapport qui nous occupe.

— L'acquéreur à réméré d'un immeuble où est trouvé un trésor avant le réméré peut-il en garder la moitié *jure soli*, ou doit-il la restituer avec le fonds racheté? Si l'on s'en rapportait à Pothier (1), on déciderait en faveur de l'acquéreur à réméré, par la raison que le trésor ne faisait pas partie de ce qui a été vendu, et qu'ainsi le vendeur, qui n'a droit de répéter que ce qu'il a vendu, ne peut réclamer la part que l'acquéreur a eue de ce trésor *jure quodam accessionis*. Il faudrait décider de même, avec ce jurisconsulte, que l'acquéreur sous faculté de rachat garde également les alluvions par droit d'accession. Mais cette doctrine n'est pas compatible avec les principes élémentaires du droit. Sans doute le trésor n'a pas été nommément vendu à l'acquéreur, et il est acquis par accession; mais qu'est-ce que ce droit d'accession? c'est un *jus soli*, un privilége attaché au sol et qui profite au propriétaire, comme la servitude et tout ce qui est un apanage de la propriété. Si donc, le rachat ayant lieu, la propriété s'évanouit en la personne de l'acquéreur, non-seulement pour l'avenir mais

(1) Pothier, *Propriété*, n° 101.

pour le passé, de telle façon qu'il est censé n'avoir jamais eu aucun droit sur l'immeuble, le titre en vertu duquel il aurait eu le trésor a passé rétroactivement au vendeur, qui est réputé avoir toujours eu la propriété (1).

57. — *Espèces.* — I. Primus découvre dans son fonds un trésor qui s'y trouve caché depuis plus de trente ans. Le véritable propriétaire, Secundus, se présente, prouve son droit, et réclame cet objet. Y a-t-il eu prescription au profit de Primus?

1° Primus soutient qu'il est de bonne foi, que le trésor est attribué à l'inventeur, que c'est un meuble, et que son occupation vaut titre. Secundus lui répond, à bon droit, que l'objet trouvé n'est plus un trésor, puisque le propriétaire en est connu, et que les choses perdues ne se prescrivent pas instantanément.

2° Primus réplique qu'au surplus il a prescrit par trente ans la chose dont il s'agit : elle était incorporée dans son fonds. Qu'on n'objecte point que sa possession n'était pas publique ; cela n'était nullement nécessaire, car celui qui possède légalement la chose principale possède aussi tous ses accessoires apparents ou cachés. Soutiendrait-on que le possesseur d'un immeuble n'est pas possesseur des minéraux qu'il contient? donc Primus a prescrit l'accessoire en possédant le fonds pendant trente ans.

Cette solution est fausse : en premier lieu, parce

(1) *Contra*, Ferrières, v° *Trésor.*—Celui-ci renvoie à d'Argentré, art. 51.

qu'il n'y a plus d'accessoire, la chose n'étant pas un trésor ; en second lieu, parce que la possession n'a pas lieu à titre de propriétaire (1). Primus ne possède pas avec l'intention de maîtrise, il ne sait même pas qu'il possède ; par conséquent, Secundus qui a caché, ou dont les auteurs ont caché le trésor dans le fonds de Primus, pourra toujours le réclamer dans les trente ans qui suivront la découverte, quel que soit le laps de temps qui se soit écoulé entre l'enfouissement et l'invention.

11. *L'action qui naît d'un délit se prescrit par trois ans* (2). Primus trouve sur le fonds de Secundus un trésor qu'il recèle pour le tout, commettant ainsi un vol pour la moitié attribuée *jure soli* au propriétaire ; Secundus le poursuit en restitution dix ans après la découverte du trésor : son action sera-t-elle recevable ? La cour d'Angers a jugé (3), conformément aux vrais principes, que l'action n'est prescrite que par trente ans ; elle naît en effet non pas du recel opéré par Primus, qui est un délit, mais bien de la découverte qu'il a faite, acte civil qui rend immédiatement le maître du fonds propriétaire de la moitié du trésor en vertu de l'article 716.

(1) Art. 2229.
(2) Code d'instr. crim., art. 638.
(3) 15 juillet 1851.

§ 3. — *Choses dont le propriétaire est inconnu.*

58. — Il s'agit dans ce paragraphe des choses perdues, soit qu'elles aient été réellement égarées par leur propriétaire, soit que, en l'absence de toute réclamation de celui-ci, elles soient présumées être l'objet d'un abandon volontaire. Dans ces deux cas, les choses dont le propriétaire est inconnu sont comprises sous le nom d'*épaves.*

On nomme *épaves*, dit Pothier (1), les choses égarées dont on ne connaît pas le propriétaire, telles que sont un cheval ou quelque autre animal qu'on trouve errer sans conducteur, ou quelque autre chose qu'on trouve dans un chemin où quelqu'un l'a laissé tomber sans s'en apercevoir. Ce mot dérive du latin *expavefacta, expava*, expressions appliquées aux animaux effarouchés qui s'étaient égarés en s'enfuyant : on l'a appliqué à toutes choses perdues ou égarées. Telles étaient les cargaisons, que les Instituts de Justinien désignent dans le titre Ier du livre II comme étant jetées dans une tempête, *navis levandæ causa.*

Ces choses deviendront-elles la propriété du premier occupant ?

— La loi indienne (2) disposait qu'un bien quelconque dont le maître n'est pas connu doit être proclamé au son du tambour, puis conservé en

(1) Pothier, *Propriété*, n° 67.
(2) Manava Dharma Sastra, liv. VIII, v. 30.

dépôt par le roi pendant trois ans ; avant l'expiration de ces trois ans, le propriétaire peut le reprendre; après ce terme, le roi peut se l'adjuger.

Cette législation, en tant qu'elle reconnaissait
le domaine éminent de l'État, a été suivie en
principe chez les peuples où le roi était considéré comme le seul propriétaire. Ç'a été aussi
celle des temps féodaux en France; et, de même
que les biens vacants et les successions des aubains, « épaves n'ayant adveu appartenaient au
» bas justicier quand elles n'excédaient pas la va-
» leur de 7 sols 6 deniers (1), » sinon au moyen
ou haut justicier, suivant le taux de leur valeur.
L'art. 176 de la Coutume d'Orléans déclarait que
celui qui recélait une épave plus de trois jours
était amendable envers justice d'un écu sou, et
tenu des dommages-intérêts.

Mais la règle était différente en droit romain, où
les épaves n'étaient jamais acquises soit par occupation, soit par droit d'aubaine, parce que le
propriétaire inconnu en conservait toujours le
domaine. Ce principe était consacré quelquefois
dans le droit français, ainsi qu'il résulte du texte
suivant : « Se il avient que home ait perdu une
» soue beste, ou aucun autre avoir meuble, et il
» trouve la beste ou l'avoir aveucq j. autre home, il
» doit recouvrer la beste ou l'avoir par droict (2). »
Ces différentes législations ont été combinées

(1) Coutume du Poictou, art. 302.
(2) Assises des bourgeois de Jérusalem, CXCVIII.

pour former notre droit actuel, assez mal organisé du reste en toute cette matière. L'art. 718 du Code civil dispose que les droits sur les effets jetés à la mer, sur les objets que la mer rejette, de quelque nature qu'ils puissent être, sont réglés par des lois particulières (ce qui est vrai), et qu'il en est de même des choses perdues dont le maître ne se représente pas,— dernière proposition inexacte, par la raison qu'il n'existe aucune loi relative aux objets perdus. Il en résulte donc qu'il faut distinguer deux sortes d'épaves : les unes sont l'objet de dispositions législatives, les autres ne sont pas réglées par des textes spéciaux. Nous en ajouterons une troisième : celles qui sont plus proprement abandonnées, comme les épaves de greffe. Celles-ci sont aussi réglées par des lois particulières.

59. — 1° *Épaves maritimes.* — Elles sont réglementées par l'ordonnance de la marine de 1681 (liv. IV, tit. VIII et IX), l'ordonnance du 10 janvier 1770 et la loi du 9 août 1791, qui distinguent entre les objets trouvés en mer et ceux qui sont rencontrés sur les grèves ou rivages.

Les premiers appartiennent en entier au pêcheur, s'ils sont trouvés au fond de la mer, comme les ancres, etc., lorsqu'ils ne sont pas réclamés dans les deux mois de la déclaration qui doit en être faite au juge de paix (1).

Les effets trouvés sur les flots sont attribués pour un tiers au pêcheur; les deux autres tiers

(1) Loi du 9 août 1791.

sont remis au propriétaire qui réclame dans l'an et jour, après quoi ils reviennent à l'État : tel serait le cas d'un navire abandonné en mer. Mais si la découverte est faite à la suite d'un naufrage, l'inventeur ne peut réclamer que l'indemnité de sauvetage; il n'a aucun droit de propriété sur l'objet.

Quant aux objets trouvés sur les grèves, ils appartiennent à l'État après l'an et jour à partir de la déclaration qui doit en être faite dans les vingt-quatre heures de la trouvaille : l'inventeur n'a droit encore qu'à ses frais de sauvetage. Mais l'individu qui a retiré un noyé peut garder ses vêtements.

Pour les bijoux et les valeurs en argent, un tiers revient au sauveur; le reste est attribué au fisc.

Enfin, quand les objets trouvés sont à l'ennemi, le droit de sauvetage est des deux tiers de la valeur; le tiers restant est versé à la caisse des invalides de la marine (1).

Le recel des épaves maritimes est puni de la restitution du quadruple, d'après l'ordonnance de 1681 (2).

—Les épaves des fleuves, des rivières navigables ou flottables sont aussi réglées par une loi spéciale : elles appartiennent à l'inventeur si, dans le délai d'un mois, le propriétaire n'a pas justifié de son droit (3).

(1) Décret du 26 nivôse an VI.
(2) Tribunal de Perpignan, 20 janv. 1871.
(3) Ordonnance d'août 1669, titre I, art. 3.

Les épaves des petites rivières sont au contraire assimilées aux épaves terrestres, qu'aucun texte ne réglemente.

60.—2° *Épaves terrestres.*—Les épaves de terre étaient attribuées, dans l'ancien droit, aux seigneurs hauts justiciers à titre de dédommagement des frais de justice (1).

Deux textes s'en occupent dans le Code : l'art. 717 et l'art. 2279, qui prévoient deux hypothèses différentes.

L'art. 2279 porte que celui qui a perdu une chose peut la revendiquer, pendant trois ans à compter du jour de la perte, contre celui dans les mains duquel il la trouve, sauf à ce dernier son recours contre celui de qui il la tient. Cette dernière proposition prouve qu'il s'agit ici non pas du détenteur qui a trouvé la chose, mais de celui qui l'a reçue de l'inventeur ou d'un tiers. L'inventeur n'a ni le juste titre ni la croyance de son droit de propriété : il est de mauvaise foi. Donc l'art. 2279 ne lui est pas applicable. Il n'est question dans cet article que de ce vice qui s'attache à la chose trouvée, vice analogue à celui qui, en droit romain, entachait la chose volée ou prise de force, de telle sorte qu'elle ne pouvait être prescrite (2). Or ce vice disparaît, maintenant, après un laps de trois ans.

Mais quant au droit de l'occupant, que faut-il

(1) Pothier, *Propriété*, n° 67, alinéa 3.
(2) Institutes, II, vi, § 2.

décider ? celui qui trouve l'épave en devient-il propriétaire par occupation, ou bien prescrit-il par
trois ans? ou enfin ne prescrit-il que par trente
années? Nous avons dit plus haut qu'on n'acquiert
pas par occupation ce qui appartient à quelqu'un.
L'art. 717 nous renvoie aux lois particulières : le
malheur est que ces lois n'existent pas. Il faut donc
statuer d'après le droit rationnel, et analyser la
véritable condition des objets perdus.

Une décision du ministre des finances du 5 août
1825, qui semble copiée dans la loi de Manou (1),
est le seul document qui existe à cet égard. Une
dame veuve Laucesseur, ayant trouvé en octobre
1821 une montre d'or qui avait été vendue par
le domaine au prix de 72 francs 5 centimes, le
préfet de Seine-et-Oise lui avait attribué cette
somme après un délai de trois années. Le ministre
des finances, « considérant qu'il importe de laisser
à l'inventeur l'espoir de profiter un jour de ce qu'il
a trouvé, puisque cet espoir peut le décider à en
faire le dépôt, et que cette mesure, par la publi-
cité qu'elle occasionne et les délais qu'elle entraîne,
a pour but de mieux assurer les droits du propriétaire ; — considérant d'ailleurs qu'il est de principe
qu'en fait de meubles la possession vaut titre, »
confirma l'arrêté du préfet de Seine-et-Oise.

Mais cette décision ministérielle n'a aucune force
de loi, et contredit même les principes qu'elle a la
prétention d'appliquer. *En fait de meubles*, sans

(1) *Supra*, n° 59.

— 182 —

doute, *la possession vaut titre;* mais cette règle ne s'applique pas aux choses perdues, elle ne s'applique qu'aux possesseurs de bonne foi, et l'inventeur sait qu'il possède la chose d'autrui; enfin, si elle s'appliquait à l'inventeur, il serait propriétaire immédiatement par occupation et prescription instantanée. Et puis, d'un autre côté, pourquoi obliger l'inventeur à faire le dépôt de la chose qu'il a trouvée? l'État a-t-il aucun droit sur les objets perdus? ce dépôt est-il exigé par une loi?

Le système de la décision de 1825 est donc contraire aux principes. Il faut tenir alors que l'occupation ne peut créer aucun droit de propriété sur les épaves, parce qu'elle s'exerce dans ce cas contre un juste titre, celui du propriétaire : elle ne peut créer que la possession. Or cette possession ne vaut pas titre; elle ne peut pas amener la prescription de trois ans; l'inventeur conservera donc la chose qu'il a trouvée, et il en deviendra propriétaire au bout de trente ans, si elle n'est pas revendiquée. Quant à l'État, il ne peut, sous aucun prétexte, réclamer l'objet ni en exiger le dépôt (1) : la loi ne lui attribuerait que la propriété des choses qui n'ont pas de maître; mais les épaves sont présumées appartenir à celui qui les a perdues, pendant trente ans, après quoi elles appartiennent à celui qui les a possédées. Tel est le système qui nous paraît le plus juridique.

(1) Arrêt du Conseil de révision de la 1re division militaire 11 sept. 1871.

—Quelle est alors la situation légale de l'inventeur ? Est-il considéré comme dépositaire, comme possesseur de bonne ou de mauvaise foi ? et de quelle responsabilité est-il tenu vis-à-vis du véritable propriétaire ?

L'inventeur, suivant nous, doit être assimilé à un *gérant d'affaires*. En s'emparant de la chose perdue, son premier acte a été un fait d'administration ; il contracte donc l'engagement tacite de continuer la gestion commencée (1) ; il est tenu d'y apporter tous les soins d'un bon père de famille. Néanmoins les circonstances qui l'ont conduit à se charger de la chose peuvent autoriser le juge à modérer les dommages et intérêts qui résulteraient de ses fautes ou de sa négligence.

En revanche, le propriétaire de l'objet doit l'indemniser de tous les engagements personnels qu'il a pris et lui rembourser toutes les dépenses utiles et nécessaires qu'il a faites.

61. — 3° *Épaves de greffe et autres.* — Les principes qui viennent d'être exposés ne sont applicables qu'au cas où aucune loi n'a réglementé le droit des épaves. Mais il en est autrement de certains objets qu'on peut considérer plutôt comme abandonnés que comme perdus. Pour ceux-ci, des dispositions particulières déterminent certain laps de temps, qui, écoulé sans réclamation, fait présumer l'inexistence du propriétaire, ou tout au moins sa volonté de ne plus posséder.

(1) Art. 1372 et suiv. du Code civil.

C'est ainsi que la loi du 11 germinal an IV décide que les objets abandonnés dans les greffes et conciergeries seront vendus publiquement, et que le prix en sera acquis à l'État au bout d'un an.

D'après l'ordonnance du 20 janvier 1699, qui a encore force de loi (1), les choses abandonnées dans les bureaux de voitures publiques passent à l'État après un délai de deux années.

Le délai est d'un an pour faire vendre les marchandises laissées dans les bureaux de douanes, et un an après le prix est attribué à l'État (2).

Celles qui sont perdues dans les lazarets sont vendues au bout de deux ans, et acquises au fisc cinq ans après (3).

Les sommes versées à la poste sont remises à la caisse des finances après le laps de huit années (4).

Enfin une ordonnance du 22 février 1829, revenant au droit commun, permet au propriétaire de revendiquer pendant trente ans les matières d'or et d'argent, qui étaient auparavant attribuées à l'État après une année écoulée (5).

La règle est la même pour les dépôts abandonnés par leurs titulaires dans les caisses d'épargnes (6).

(1) Décret du 13 août 1810. — V. Loi du 26 août 1790.
(2) Décret du 6 août 1791, tit. IX, art. 2 et 3.
(3) Loi du 3 mars 1822, art. 20.
(4) Loi du 31 janvier 1833.
(5) Ordon. du 23 janv. 1821.
(6) Loi du 7 mai 1853, art. 4.

62. — La loi assimile aux épaves, en ce sens que le propriétaire en conserve la propriété même après en avoir perdu la possession, les abeilles qui se sont envolées d'une ruche. Les *Établissements de saint Louis* (1) consacraient déjà un certain droit de suite au profit du maître, contrairement aux lois de Justinien, qui voulaient que la possession fût effective, ou tout au moins facile, pour que la propriété ne fût pas perdue : *nec difficilis sit ejus persecutio* (2). La loi de 1791 a continué ce droit et soumet à une règle toute spéciale les essaims d'abeilles qui se sont envolés d'une ruche : le propriétaire peut les réclamer et s'en ressaisir tant qu'il n'a pas cessé de les suivre (3).

Autrement ils ne sont pas, comme dans le droit romain, la propriété de l'occupant, mais ils appartiennent en qualité d'accessoires au propriétaire du terrain sur lequel ils se sont fixés (4).

— Les bestiaux égarés ou effarouchés qui ne retrouvent pas leur maître sont mis en fourrière, et vendus dans le délai de huit jours (5).

63. — Une question reste à examiner en ce qui concerne les épaves : l'inventeur, avons-nous dit, n'y a aucun droit. Mais doit-on considérer comme vol l'action de celui qui, ayant trouvé par hasard un objet perdu, refuse de le restituer à son véritable propriétaire ?

(1) Liv. I, ch. CLXV.
(2) Institutes, *de div. rer.*, 11.
(3) Loi du 28 septembre 1791, tit. I, sect. III, art. 5.
(4) *Contra*, Pothier.
(5) Décret du 18 juin 1811.

Et d'abord, il est certain que l'inventeur qui né-
glige de faire publier sa trouvaille, d'en opérer le
dépôt ou de faire les diligences pour en connaître ou
en avertir le propriétaire, n'est nullement en faute
au point de vue du droit (1). Que décider, au contraire, lorsque, connaissant le véritable maître, il
continue de recéler la chose ?

Certains ont pensé qu'il n'y avait point vol, par
cette raison que la soustraction n'existe pas, *con-
trectatio rei* : l'inventeur a été séduit par l'occasion,
il n'a point préparé le délit, il n'est coupable que
de ne l'avoir pas repoussé ; il n'a pas été prendre
chez autrui : il a pu croire que la chose n'avait pas
de maître ; enfin, au lieu d'une soustraction plus ou
moins audacieuse, il n'y a que la simple rétention
d'un objet trouvé (2).

Malgré la force de ces diverses raisons, la jurisprudence et quelques auteurs (3), faisant de cette
rétention une analyse plus intime, en sont arrivés à
distinguer entre deux hypothèses : ou l'intention
frauduleuse s'est produite au moment même de
l'occupation, ou cette intention n'est née dans l'esprit de l'agent et ne s'est manifestée que postérieurement à cette main-mise.

Dans le premier cas, il y a vol : *Qui alienum quid
jacens lucri faciendi causa sustulit, furti obstrin-*

(1) Trib. de police d'Arbois, 8 *déc.* 1811 ; — trib. civ. de la Seine,
4 *avril* 1865. Le Code de la Bolivie considère, au contraire, comme
coupable de vol celui qui, ayant trouvé un objet perdu, n'en fait pas
la déclaration (art. 619).
(2) Duvergier, *Notes sur Legraverend*, t. II, p. 129.
(3) Chauveau et Faustin Hélie, tome V, ch. LIX.

gitur (1). La fraude a lieu, en effet, en même temps que la soustraction, puisque l'inventeur s'est emparé de la chose pour se l'approprier, sachant qu'elle était à autrui (2); peu importe qu'il ait su à qui elle était. La soustraction est l'acte matériel d'enlever un objet; or cet acte s'opère aussi bien sur un objet trouvé que sur celui qui est resté entre les mains de son propriétaire (3).

Dans la deuxième hypothèse, celle où l'agent a ramassé l'objet sans intention de se l'approprier, mais où cette intention est née ultérieurement et s'est manifestée par le refus de le restituer, la loi romaine parait ne pas reconnaître le vol : *Si jacens tamen tulit, non ut lucretur sed redditurus ei cujus fuit, non tenetur furti* (4). Jousse, dans l'ancienne jurisprudence, décidait au contraire qu'il y avait vol (5); et la Coutume de Bretagne statuait que « si » aucun trouve argent ou autre chose à autrui appartenant, et il entend ou sait qu'on le demande, » et depuis il le cèle et retient, justice le doit punir » comme larron (6). » Mais pourtant cette espèce diffère complétement de la précédente : il n'y a pas eu de soustraction, puisqu'on a recueilli avec la pensée de restituer; et lorsque l'idée de s'approprier est venue à l'auteur, il ne pouvait plus sous-

(1) Loi 43, Dig., *de furtis.*
(2) Farinacius, *de furtis,* quæstio 168, nº 63.
(3) Cour de Cassation, arrêts des 4 avril 1823, 4 mars 1825. — Lyon, 17 janvier 1823.
(4) Loi 43, § 5, Dig., *de furtis.*
(5) Jousse, t. IV, p. 172.
(6) Coutume de Bretagne, art. 629.

traire, puisqu'il était possesseur. Donc, ajoutent la
jurisprudence et la doctrine, ce fait échappe à l'in-
crimination de la loi. Le hasard a constitué, en
quelque sorte, l'agent dépositaire de la chose trouvée ; en la recueillant, il a accepté ce contrat ; s'il
l'enfreint, il commet une violation de dépôt, il ne
commet pas un vol (1).

Une pareille distinction, dit Faustin Hélie, résout
la question fort imparfaitement en fait ; ajoutons
qu'elle la résout aussi imparfaitement en droit positif. Assurément, pour le for intérieur, il est possible de soutenir qu'il n'y a pas vol de la part de
celui qui soustrait d'abord, sans intention frauduleuse,
leuse, une chose qui ne lui appartient pas ; mais, en
droit, ne faut-il pas admettre que le fait et l'intention se complètent l'un par l'autre ? Comment re-
cevrait-on, par exemple, les excuses d'un voleur
qui viendrait dire : « J'ai soustrait votre porte-
monnaie, mais en le prenant j'avais l'intention de
vous le rendre ; seulement, au moment où je le
tenais, il m'est venu cette fatale idée de le garder.
Je ne l'ai pas volé, puisqu'il y a eu le fait sans l'intention, et l'intention sans le fait. »

Nous préférons ne pas distinguer, et décider
que l'appréhension, quand elle est suivie d'une
rétention frauduleuse, est frauduleuse elle-même.
La loi punit le recel de la même peine que le
vol, et pourtant le recel est exclusif de la soustraction, puisqu'il la suppose accomplie. C'est

(1) Faustin Hélie, *loc cit.*

un délit spécial sans doute, et cela parce qu'il est commis par un autre agent que le voleur lui-même ; mais le recel accompli par le voleur n'est plus un délit accessoire, c'est le vol lui-même, et, pour que la justice puisse agir, il suffit que l'auteur ait recélé ou conservé frauduleusement les objets soustraits, sans qu'il soit nécessaire d'établir son intention au moment de la prise de possession. La loi le condamne bien pour abus de confiance, quand c'est le propriétaire qui lui a confié sa chose : à plus forte raison est-il coupable quand il se l'est attribuée lui-même.

Cette solution, du reste, est la seule pratique. La Cour de cassation reconnaît que l'enlèvement sur la voie publique d'une chose qui n'appartient pas à celui qui s'en empare, et dont la propriété ne peut s'acquérir par occupation, prend son caractère dans les *faits et circonstances* qui l'ont suivi (1).

(1) Cass., 1 avril 1823. — Journal du Palais, t. XVII, p. 1012.

CHAPITRE IV

OCCUPATION DES CHOSES INCORPORELLES.

Nous comprenons sous ce titre l'occupation des choses de l'esprit, fondement de la propriété littéraire ou industrielle, la législation sur les titres et les noms propres, et enfin l'examen des droits résultant de l'antériorité de possession ou d'action.

I. — COMPOSITIONS LITTÉRAIRES; INVENTIONS ARTISTIQUES ET INDUSTRIELLES.

64. — Cette propriété *très-singulière*, comme l'appelait Pothier (1), n'est pas une création du droit civil. L'homme en avait conscience longtemps avant de la réglementer par des lois protectrices ou restrictives; et de même qu'il se proclamait le maître des choses matérielles dont il prenait sa part dans la nature, de même il s'avouait propriétaire des œuvres qu'il créait ou des idées qu'il trouvait.

La trace en apparaît à chaque page dans les écrits de l'antiquité. La propriété littéraire est souvent revendiquée par les auteurs grecs ou latins; Martial n'épargne pas les plagiaires dans ses épi-

(1) Th. Ducrocq, *Droit administratif*, p. 311, édition de 1868.

grammes (1); il va même jusqu'à les appeler voleurs :

Stat contra, dicitque tua pagina : Fur es (2).

Plus loin, il montre bien que les compositions
littéraires formaient un véritable domaine qui
pouvait se vendre ou s'acheter. C'est ainsi qu'il dit
à un certain Fidentinus, qu'il accuse de plagier ses
œuvres : *Achète-les moi, tu pourras dire alors
qu'elles t'appartiennent :*

Si vis mea dici, gratis tibi carmina mittam;
Si dici tua vis, hæc eme, ne mea sint (3).

Et ailleurs :

Quatuor est nimium? Poterit constare duobus,
Et facit lucrum bibliopola Tryphon.

Les poëtes vendaient leurs vers. Suétone rapporte que la comédie de l'*Eunuque* fut achetée
très-cher à son auteur (4); en un mot, c'était une
vraie propriété civile, susceptible, comme toute
autre, d'acquisition et d'aliénation.

S'ensuit-il qu'elle ait été l'objet de lois spéciales, comme on a cherché à l'établir (5)? Nullement; les œuvres de l'intelligence, malgré toute
leur valeur littéraire, n'avaient pas l'importance

(1) *Epigrammes*, l. X, c. et *passim*.
(2) *Epigrammes*, l. I, LIV.
(3) *Epigrammes*, l. I, XXX.
(4) Suétone, *Vie de Térence*, ch. II.
(5) Charles Nodier, *Questions de littérature légale*.

ommerciale que la facilité de reproduction leur a
donnée plus tard. Les Romains étaient obligés de
copier ou de faire copier par leurs esclaves, *librarii*,
es ouvrages dont ils voulaient composer leur bi-
bliothèque, et le plus souvent ils confiaient à leurs
souvenirs, aidés par la *mnémotechnie* (1), les discours ou les déclamations qu'ils entendaient réci-
ter. Si bien que les *volumina* avaient plus de valeur
que les pensées qu'ils renfermaient, et que la seule
loi qui existe au Digeste sur la propriété littéraire
considère les écrits comme l'accessoire du papier :
*Literæ chartis membranisque cedunt; ideoque, si
in chartis membranisve tuis carmen vel historiam
vel orationem Titius scripserit, hujus corporis non
Titius, sed tu dominus esse videris* (2). La jurisprudence permettait toutefois à l'auteur de réclamer ses dépenses d'écriture, seul salaire légalement reconnu.

La propriété industrielle ou artistique n'était pas
mieux protégée, et la preuve s'en trouve dans la façon prodigieuse dont s'étaient répandus les procédés spéciaux connus des anciens, qui, évidemment,
avaient dû leur invention à des particuliers. Les
poteries de Samos, si recherchées dans le principe,
au point qu'elles étaient demandées de très-loin,
*per maria terrasque, ultro citroque, insignibus
rotæ officinis* (3), furent bientôt imitées en Italie et

---

(1) Senèque, *Controv.*, 1.
(2) L. 9, § 1, Dig., *de adquir. rer. dom.* — Ins., *de rer. div.*, 33.
(3) Tite-Live, XXXV, 16.

en Gaule, et le secret de leur fabrication devint familier aux potiers de toutes les localités (1).

Un fait a cependant porté quelques commentateurs à croire à l'existence d'une réglementation des inventions et des procédés industriels : c'est la présence sur un grand nombre d'objets de marques de fabrique et de noms d'auteurs : tels sont les *sigles* trouvés sur des poteries (2), les cachets gravés en caractères renversés destinés à marquer des collyres ou des remèdes secrets (3). Et, partant de ces données, de savants antiquaires, raisonnant par une induction hardie, ont été jusqu'à affirmer que les lois romaines prescrivaient les marques de fabrique (4), qu'elles obligeaient les inventeurs à signer leurs œuvres (5); tandis que d'autres savants trouvaient que ces mêmes marques de fabrique avaient été formellement prohibées par Hadrien (6). Deux suppositions aussi peu fondées l'une que l'autre, car, d'un côté, tous les objets fabriqués ne sont point marqués au titre de leur auteur, et nul texte ne mentionne cette

(1) Schuermans, *Étude sur les sigles figulins* (Académie arch. de Belgique, XXIII, 2e série).

(2) L'auteur nommé dans la note précédente porte à plus de 6,000 les noms de potiers trouvés sur des vases d'origine romaine ou gallo-romaine. Voir, à cet égard, dans le premier volume publié par la *Société des archives historiques du Poitou*, une Notice de M. F. Bonsergent, le consciencieux archéologue à qui nous devons la plupart de ces renseignements.

(3) Caylus, *Antiquités romaines*, pl. 90, n° 3. — *Catalogue du British museum*, Roach Smith, 1851.

(4) Tournal, *Catalogue du musée de Narbonne*, p. 78.

(5) D'Agencourt, apud Léger, *Gazette des architectes et du bâtiment*, 1866, IV, p. 269.

(6) Grignon, *Bulletin des fouilles faites par ordre du roi*, p. LX.

obligation; de l'autre, si Hadrien défendit une fois aux architectes d'inscrire leurs noms sur leurs ouvrages, cette mesure était la suite de la profonde jalousie que ce prince éprouvait vis-à-vis des célébrités de son époque, ainsi qu'il résulte de l'histoire d'Apollodore (1).

— Par conséquent on peut affirmer que, dans l'antiquité, la propriété des œuvres de l'esprit n'avait reçu aucune sanction, et ne faisait l'objet d'aucune disposition législative.

Le moyen âge, malgré l'invention de l'imprimerie qui donna aux ouvrages littéraires une valeur vénale toute nouvelle, n'a rien fait de plus que le droit romain en ce qui touche la propriété des écrits, de sorte que, jusqu'au dernier siècle, les auteurs n'avaient d'autre ressource que d'injurier les plagiaires qui s'emparaient des œuvres d'autrui et les publiaient sous leur nom (2). Signalons cependant l'institution *des priviléges du roi*, réglementée par quelques ordonnances qui accordaient à l'auteur nanti du *privilége* le droit de vendre son ouvrage chez lui, à son bénéfice et à celui de ses hoirs, à perpétuité (3). Les questions de librairie et d'imprimerie étaient, du reste, presque toujours évoquées au Conseil du roi (4).

(1) Hadrien fit mourir Apollodore parce que cet architecte avait critiqué un monument construit sur les plans de l'empereur (Laurent Echard, *Hist. rom.*, l. V, ch. II, p. 71).

(2) Diderot, *Mémoire inédit* (Renouard, t. I, p. 39 et 162). — Linguet, *Annales pol., civ. et litt. du XVIII*e *siècle*, t. I, p. 9.

(3) Ord. de 1777.

(4) Régl. de 1723. — Voyez *Pétition adressée à l'Assemblée*, par La Harpe, 24 août 1790.

Quant à la propriété industrielle, elle avait reçu ses garanties en Angleterre dès le XVII° siècle (1); et, en France, l'usage des jurandes et maîtrises et leurs priviléges avaient créé au profit des artisans un monopole qui équivalait à une véritable propriété des procédés et des inventions (2).

65. — La législation actuelle reconnaît et réglemente le droit de l'auteur et de l'inventeur sur leurs productions. Nous avons à examiner de quelle façon elle protége le propriétaire, et comment elle a pu arriver à donner au premier occupant, d'une manière efficace, les garanties qui lui sont dues.

L'individu qui trouve une idée et qui s'en empare en devient immédiatement propriétaire. Mais, conformément à ce qui a été dit pour l'occupation des choses matérielles, pour que cette prise de possession produise effet à l'égard d'autrui, il faut qu'elle soit accompagnée d'un signe, le travail, qui donne à l'idée une forme visible et phénoménale : l'auteur écrira ses vers, et l'inventeur exécutera un modèle de ses systèmes.

Il faut plus encore sous les rapports du droit positif, car la loi doit compter avec la mauvaise foi. Il faut s'assurer que l'invention présentée par vous comme originale n'est pas le fruit d'un plagiat ; il faut faire en sorte qu'elle ne vous soit pas plus tard enlevée; il faut, en un mot, faire pour cette

(1) Statut de Jacques I° de 1623.
(2) Ord. de 1673; ord. de février et d'août 1776.

propriété l'équivalent de la transcription des acqui-
sitions civiles.

Dans ce but, les lois qui suivirent l'abolition des
jurandes et maîtrises, en reconnaissant le droit des
inventeurs, subordonnèrent la consécration de
cette propriété au dépôt préalable (1) et à l'obtention d'un brevet pour les inventions industrielles,
au simple dépôt pour les compositions littéraires (2).
Cette précaution donne à l'auteur le pouvoir de poursuivre, sous le chef *de contrefaçon*, toute violation
de son droit, prévue et punie par le Code pénal (3).
Cette législation subsiste encore avec les lois du
14 juillet 1866 et du 5 juillet 1844, relatives l'une
à la propriété littéraire, l'autre aux brevets d'inventions.

66. — La loi du 14 juillet 1866, qui fixe à cin-
quante ans à partir du décès de l'auteur la durée
des droits de publication et de reproduction accordés à ses héritiers ou successeurs, ne porte aucune
disposition touchant le dépôt des œuvres. Ce dépôt,
prescrit par la loi de 1793, art. 6, s'effectue par la
remise des deux exemplaires exigés, par la loi du
21 octobre 1814, de l'imprimeur avant la publication : d'où il résulte que tout ouvrage publié régulièrement est la propriété civile de son auteur, qui
peut la transmettre et l'aliéner comme il lui plaît.

Au surplus, le dépôt ne garantit rien à l'auteur,

(1) Lois des 31 déc. 1790; — 7 janv. 1791; — 14-25 mai 1791; —
20 sept. 1792.
(2) Loi du 19 juillet 1793.
(3) Art. 425 et suiv.

sinon que, dans l'avenir, les contrefacteurs pourront être poursuivis. Il laisse intactes les questions de propriété qui peuvent s'élever relativement aux ouvrages publiés avant le dépôt. Or la condition nécessaire pour que la propriété soit acquise à l'auteur, c'est que la chose dont il s'empare soit une *res nullius*, en d'autres termes que l'idée qu'il produit ne soit pas déjà légalement la propriété d'un autre.

— Ainsi, on a jugé que le titre d'un ouvrage est la propriété de celui qui l'a trouvé le premier, et qu'on ne peut s'en emparer ensuite sans commettre une usurpation (1).

— De même, les lettres écrites par un individu, quoique étant la propriété de celui qui les a reçues, ne peuvent être publiées sans l'agrément de l'auteur ; car celui-ci en conserve toujours la propriété littéraire, distincte dans ce cas de la propriété matérielle (2).

— Un plaidoyer, le texte d'un jugement, les leçons publiques d'un professeur, ne constituent pas, au contraire, la propriété de celui qui les a produits, parce qu'ils sont, par leur nature, destinés au public, et que le but de l'auteur n'est pas d'en tirer profit par la reproduction.

— L'auteur peut encore, quoique travaillant sur une matière déjà employée, la transformer et la produire sous un nouvel aspect, tel qu'on puisse la

(1) Cour de Paris, 15 février 1834.
(2) Cour de Paris, 10 décembre 1850.

considérer comme une *res nullius ;* et, semblable
au spécificateur qui s'approprie par son travail les
matériaux d'autrui, celui qui prend un sujet pour
l'accommoder d'une façon nouvelle, n'est ni un pla-
giaire ni un contrefacteur ; aussi décide-t-on qu'on
peut, sans commettre un délit, emprunter à un
roman le sujet d'une pièce de théâtre (1).

— On décide de même qu'une traduction, étant
un ouvrage dans lequel l'écrivain a mis quelque
chose qui est l'œuvre de son esprit, est la propriété de celui qui l'a faite (2) ; mais qu'une traduction en langue étrangère d'un ouvrage français
constitue un élément de contrefaçon (3).

—Mais il peut arriver, en revanche, qu'une idée
trouvée par nous ne nous appartienne pas : tel est
le cas de la collaboration. Lorsque plusieurs auteurs
se réunissent pour former un œuvre, ils contractent
pour ainsi dire une société, un contrat par lequel
ils s'engagent à mettre en commun toutes leurs
productions ; dès lors, l'un d'eux ne peut, sans le
consentement des autres, disposer d'une idée qui
lui sera propre, mais qu'il aura fait entrer en collaboration. Le dissentiment se produit-il entre les
auteurs sur la publication de l'ouvrage, les tribunaux décideront, suivant les faits, si chacun pourra
retirer sa portion de collaboration, ou si la destination sera commune. Veut-on dissoudre la société,
l'art. 815 du Code civil sera applicable ; et comme

(1) Cour de Paris, 26 mars 1831, *de Boigne* contre *Scribe.*
(2) Cass. 23 juil. 1821 ; Paris, 11 janv. 1830.
(3) Rouen, 7 nov. 1815.

le partage sera en général impossible, la licitation sera presque toujours ordonnée (1).

67. — On acquiert la propriété des inventions industrielles à l'égard des tiers par l'obtention du *brevet d'invention*. Le principe fondamental de la loi du 5 juillet 1844 est que toute nouvelle découverte ou invention, dans tous les genres d'industrie, confère à son auteur le droit exclusif de l'exploiter à son profit pendant un certain temps, pourvu qu'il ait fait consacrer son droit par un arrêté du ministre des travaux publics, de l'agriculture et du commerce (2). Les conditions pour l'obtention du brevet sont donc au nombre de quatre :

Premièrement, il faut qu'il s'agisse d'une invention. On entend par ce mot toute nouvelle combinaison apportée dans les arts ou l'industrie ; et, pour cette raison, il y a trois espèces de brevets :

Le brevet d'invention proprement dit, applicable à « l'invention de nouveaux produits industriels, et l'invention de nouveaux moyens, ou l'application nouvelle de moyens connus pour l'obtention d'un résultat ou d'un produit industriel (3), » desquels la loi excepte toutefois, pour des raisons d'ordre public, les compositions pharmaceutiques (4) et les plans ou combinaisons de finances ;

Le brevet d'importation, pour les inventions étrangères importées en France ;

Le brevet de perfectionnement, pour les change-

(1) Vivien.
(2) Ducrocq, *Droit adm.*, nº 116 (édition de 1863).
(3) Art. 2 de la loi de 1844.
(4) Décret du 18 août 1810. — Loi de 1844, art. 3.

ments, perfectionnements ou additions à l'invention qui fait l'objet d'un brevet primitif (art. 17 et 18). Ce dernier peut être pris ou par l'auteur de l'invention principale ou par un tiers ; mais l'auteur principal a un droit exclusif à l'obtenir dans l'année qui suit le dépôt de l'invention ; il peut se contenter d'un *certificat d'addition* qui fait partie du brevet et prend fin avec lui.

— La seconde condition exigée pour que le brevet soit accordé consiste en ce que l'invention doit être nouvelle. L'État, du reste, l'accorde *sans examen préalable*, et, pour cette raison, le breveté ne peut mentionner son privilège dans les enseignes, affiches, etc., sans déclarer formellement qu'il est *sans garantie du gouvernement*, sous peine de 50 à 1,000 fr. d'amende (1).

En troisième lieu, il faut qu'il s'agisse d'une invention industrielle ; et enfin, la loi de droit commun exige qu'elle soit licite, c'est-à-dire non contraire aux mœurs et à l'ordre public.

— Les formalités qui doivent accompagner la demande de brevet consistent dans la description de l'appareil ou de l'invention, et le dessin complet des pièces ou des objets qui la constituent. Le brevet régulièrement obtenu donne au breveté une propriété exclusive et transmissible pendant un laps de cinq, dix ou quinze années.

— Le tribunal compétent pour connaître des actions en nullité ou en déchéance de brevet est le tribunal civil du domicile du défendeur, ou le tri-

(1) L. de 1844, art. 33.

bunal correctionnel saisi par une exception sur
une poursuite en contrefaçon (1).

— Le droit d'occupation sur les inventions et
procédés se manifeste encore par les *marques de
fabrique*, facultatives depuis 1789 pour les com-
merçants et industriels. Des exceptions ont seulement été introduites pour des raisons de sécurité
publique ou fiscales en ce qui touche certaines
substances dangereuses et certains produits, comme
les cartes à jouer, les matières d'or et d'argent,
les ouvrages d'imprimerie, pour lesquels la marque
de fabrique est obligatoire.

Elle constitue, aux termes de la loi du 23 juillet
1857 (2), le signe d'une véritable propriété dont la
violation est poursuivie comme contrefaçon.

— Remarquons, en terminant cet examen, que la
loi protége les étrangers à l'égal des Français,
pour les produits fabriqués en France. Il en est de
même pour les produits fabriqués à l'étranger, si
des traités établissent la réciprocité entre la nation
dont il s'agit et la nation française.

Telles sont les règles relatives à cette occupation extraordinaire des choses de l'esprit. Nous
n'en examinerons pas les conséquences, ni surtout
les grandes questions théoriques qui se rattachent
à la nature de la propriété littéraire et industrielle (3).

(1) L. de 1844, art. 34 et 46. — L. du 31 mai 1856.
(2) Règlement d'exécution du 26 juillet 1858.
(3) V. Renouard, t. I, p. 39 et 162; Laboulaye, *de la Propriété
littéraire en Angleterre*, Revue de législation de fév.-mars 1852;
Moniteur des 26, 23 mai 1839, et suiv.; des 14, 23 mars 1841, et suiv.

II. — ACQUISITION DES TITRES ET DES NOMS PROPRES.

68. — L'imposition de noms propres aux personnes et aux choses crée des droits juridiques (1). Il en résulte pour les noms et les titres une importance qui en fait de véritables biens incorporels ayant leur valeur et pouvant se transmettre et s'acquérir. On comprend que l'ordre public s'oppose à une latitude trop grande accordée au droit de changer de nom : aussi la loi y a-t-elle mis des restrictions.

L'ordonnance du 26 mars 1555 a apporté la défense à qui que ce fût de changer de nom sans l'autorisation du roi, et les ordonnances qui permettaient d'en prendre un autre que celui qu'on avait porté jusqu'alors n'étaient rendues que sauf les droits des tiers (2). C'est que, dès cette époque, le nom était une véritable propriété dont on ne pouvait s'emparer qu'autant qu'elle se trouvait une *res nullius*, ou une chose tombée dans le domaine commun ; sinon l'occupation d'un nom appartenant à autrui aurait constitué une usurpation.

C'est la même règle qui nous régit sous la loi du 11 germinal de l'an XI.

— La première disposition de cette loi a trait aux *prénoms*, et décide qu'on ne pourra désor-

---

(1) Renouard, *du Droit industriel*, p. 317.
(2) « Sauf notre droit en autre chose, et l'autrui en tout. »

mais prendre que ceux en usage dans les *calen-driers*, ou les noms des personnages de l'*histoire ancienne*. Cette décision avait été inspirée aux législateurs par les abus singuliers qui s'étaient produits depuis qu'une citoyenne Goux, qui avait voulu s'appeler *Liberté*, avait obtenu de la Convention un décret, du 24 brumaire an II, proclamant pour chaque citoyen le droit de se nommer comme il lui plaît (1).

— Quant aux *noms patronymiques*, la règle est que celui qui veut prendre un nouveau nom peut l'acquérir par occupation, suivant certaines conditions qui vont être exposées.

Tout changement ou addition doit être autorisé par un règlement d'administration publique, rendu sur demande motivée, présentée sous forme de requête au garde des sceaux (2). Le nom que l'on veut prendre devient la propriété de l'impétrant, quand il s'est écoulé une année sans opposition depuis le décret de concession.

L'opposition aux changements de noms, qui doit d'ailleurs être appuyée de motifs sérieux, peut être portée par toute personne intéressée, et même par le maire d'une commune autorisé par le conseil municipal (3), pour la commune elle-même dont le nom serait l'objet du litige. Elle doit être faite au

(1) *Rapport de M. Miot, cons. d'Ét.* — *Moniteur* du 2 germinal an XI.
(2) Ord. de 1811.
(3) Arrêt du conseil d'État du 27 décembre 1820, *Godard c. Cne de Juvigny.*

décret de concession ; il en résulte une ordonnance de *soit communiqué* qui transmet l'affaire au contentieux du conseil d'État.

— En dehors de ces conditions, l'usurpation d'un nom est un délit puni d'une amende de 500 à 10,000 fr. (1). La prise d'un faux nom est un élément de l'escroquerie (art. 405 C. proc.), du faux (art. 145, 147) ; ajoutons qu'elle est une cause d'aggravation de peines pour certains délits (2).

— Pour les demandes de changements ou d'additions de titres de noblesse, la compétence appartient au *Conseil du sceau des titres*, rétabli par décret du 8 janvier 1859.

— Quant aux *surnoms* ou *pseudonymes* dont les auteurs signent leurs écrits, ils peuvent être la propriété de celui qui s'en empare le premier. Nous n'hésitons pas à croire que leur usurpation est en certains cas un élément de contrefaçon, et même de faux.

— Les noms des choses sont une propriété comme les noms des personnes : telle est la nature des *raisons de commerce* et des dénominations données à certains établissements, comme *Café de la Rotonde*, *Bazar provençal*, etc. La loi du 28 juillet 1824 en fait la propriété exclusive de celui qui les a adoptés le premier, et les affranchit du dépôt

(1) Loi du 6 fructidor an II ; — art. 259 C. pén., modifié par la loi du 28 mai 1858.
(2) C. pén., art. 154, 159, 161. — Loi de 1844 *sur la chasse*, art. 11.

exigé par la loi de 1810 pour les marques de fabrique (1).

— Les noms des navires sont soumis à une législation spéciale (2). Ils doivent être inscrits à la poupe en lettres de 1 décimètre, blanches sur fond noir, après avoir été déclarés au bureau des douanes du lieu de construction par le propriétaire du bâtiment (3).

III. — DE DIFFÉRENTS PRIVILÉGES ATTACHÉS A L'ANTÉRIORITÉ D'ACTION OU DE POSSESSION.

69. — Il ne s'agit plus là d'acquérir par droit de premier occupant une propriété matérielle ou intellectuelle, mais bien de prendre possession d'un droit, d'une situation plus propre à l'exercice de telle ou telle faculté juridique.

C'est encore un cas d'occupation, car ces droits peuvent être des *res nullius* comme les choses elles-mêmes. Quand il y a égalité de titres entre deux contestants, le juge, avons-nous dit, respecte la situation, et donne gain de cause à l'apparence en maintenant le possesseur; quand il y a égalité de compétitions, le fait vient encore au secours du droit, et le premier occupant est préféré. « En moulins banaux, disait Loysel, qui premier vient premier engraine (4). » Ce principe

(1) Cour de Paris, 3 juin 1813.
(2) Ord. du 31 oct. 1784, tit. VII.
(3) Loi du 7 mai 1811.
(4) Inst. Cout. II, t. II, XXXII.

est encore observé lorsque, entre deux intérêts opposés, la loi n'a pas donné sa faveur à l'un plutôt qu'à l'autre. Dans ce cas, la protection de la justice devient un véritable prix de la course.

Dans le langage de la procédure, cette sorte d'occupation a reçu un nom particulier : la *partie la plus diligente* dont parle la loi à tout moment n'est autre chose qu'un premier occupant.

Souvent son avantage se résout en émoluments pour l'avoué, quand il consiste en une simple préférence de temps ou de lieu, comme lorsqu'il s'agit d'*avenirs* à donner ou de *sommations* à faire : tel est le cas des articles 80, 204, 231, 297, 307, 199 du Code de procédure, qui donnent ce droit à *la partie la plus diligente*.

Quelquefois un profit réel est attaché à cette priorité, comme lorsqu'en matière de saisie immobilière, le plus diligent des créanciers peut, aux termes de l'art. 690, exercer la poursuite et rédiger le *cahier des charges* de l'adjudication.

Une fois même, le législateur a déterminé les conditions de cette sorte d'occupation : c'est par l'art. 966 du Code de procédure, qui donne les avantages de la poursuite en matière de partages de succession, non pas au cohéritier dont l'assignation est la première en date, mais à celui qui a le premier fait viser son exploit par le greffier du tribunal.

70. — Mais le plus grand avantage attaché à l'antériorité de possession aurait lieu, suivant la doctrine de certains jurisconsultes, en matière de servitudes et de voisinage, et constituerait ce qu'ils appellent le droit de *préoccupation* (1).

Cette condition semble analysée pour la première fois par Coquille. Le judicieux commentateur de la Coutume de Nivernais, supposant le cas où un individu creuse des fosses d'aisances dans le voisinage d'un puits appartenant à autrui, accorde au propriétaire du puits le droit d'obliger le voisin à détruire ses fosses d'aisances ou à les entourer d'ouvrages nécessités par les usages locaux. Mais, ajoute-t-il, « ce qui est dit du puits et des latrines doit être entendu quand le puits est fait le premier, car s'il est fait depuis l'édification des latrines, doit être imputée la faute à celui qui a bâti le puits (2). » Roccus (3) disait de même : *Artifices facientes strepitum non possunt expelli, quando prævenerunt in habitando in loco ubi habitat persona privilegiata.*

Partant de cette idée qu'il y a là une sorte de soumission tacite aux inconvénients, de la part de celui qui s'établit le second, et que *volenti non fit injuria*, les auteurs du décret relatif aux établissements dangereux, insalubres ou incommodes, ont pu décider que « tout individu qui ferait des constructions dans le voisinage des ateliers de la première classe, *après que la formation en aura été permise*, ne sera pas admis à en solliciter l'éloignement (4). »

(1) Demolombe, *Servitudes*, t. II, p. 161.
(2) Guy-Coquille, sur l'art. 13, *des maisons et servitudes*.
(3) *Responsa leg.*, cent. II, resp. LXXXIX, n°° 15 et suiv.
(4) Décret du 15 oct. 1810, art. 9. — Cass. 17 juillet 1865.

Faut-il généraliser cette règle et en tirer toute une théorie de la *préoccupation* qui serait de la plus grande importance dans les questions de voisinage soit en matière de servitudes, soit en matière d'établissements incommodes? Tel n'est pas notre avis. On ne doit pas, dit Demolombe lui-même, donner trop d'étendue à ce droit de préoccupation ; disons plus, on ne doit pas le reconnaître en dehors du texte de la loi. En quoi consisterait-il en effet? En ce que le propriétaire qui, le premier, profite des avantages de son fonds, peut empêcher, par ce fait, son voisin de retirer du sien tous les avantages qu'il est en droit d'en attendre. Mais il faut bien se souvenir que l'exercice du droit de l'un ne doit que le moins possible empêcher l'exercice du droit de l'autre (1), et surtout que tout fait quelconque de l'homme qui cause à autrui un dommage oblige celui par la faute duquel il est arrivé à le réparer (art. 1382), et cela sans distinguer si le dommage est une conséquence immédiate du fait, ou s'il n'en est que la suite indirecte. Or, si vous établissez auprès de mon champ un atelier insalubre, et que j'y construise plus tard une maison, sans doute le dommage ne sera sensible que depuis ma construction faite ; mais il n'en est pas moins vrai qu'il proviendra de votre fait et non du mien.

Il n'y a là qu'une question de préjudice (2) : celui

(1) Demol., *Arg. de l'art.* 1839, n° 2.
(2) Marcadé, t. II, p. 596. — Cass. 4 déc. 1849.

qui use le premier de son droit de propriété ne
peut porter atteinte à la propriété voisine non-
seulement pour le présent, mais même dans l'a-
venir.

D'où nous concluons :

1° Que la *préoccupation* ne peut, en dehors de
la prescription, créer aucune servitude;

2° Que, dans le cas du décret de 1810 précité, si
le voisin perd, en raison du texte formel, son droit
de demander l'éloignement de l'établissement insalubre, il ne peut jamais perdre son droit à des
dommages-intérêts en cas de préjudice;

3° Que l'obligation d'indemniser ou de faire les
ouvrages nécessaires subsiste dans le cas de
l'art. 674, lors même que les fossés, puits, dépôts, etc., auraient été établis avant la construction
du mur voisin.

CHAPITRE V

DE L'OCCUPATION SUIVANT LE DROIT INTERNATIONAL.

71. — C'est un droit qui a été reconnu par tous les peuples, que celui d'après lequel les biens de l'ennemi sont à notre égard comme des biens vacants et sans maîtres, dont par conséquent nous pouvons légitimement devenir propriétaires par droit de premier occupant (1). Les biens des vaincus appartiennent au vainqueur, dit Xénophon (2); et cette règle, passée en droit romain, a été aussi reçue en droit canonique (3), mentionnée çà et là dans les ouvrages de littérature et d'histoire (4), et enfin proclamée par les commentateurs du droit des gens (5), d'après lesquels, suivant le *jus gentium*, ceux qui ont pris les armes acquièrent par occupation la propriété de tout ce qu'ils ont enlevé à l'ennemi.

Mais, si le principe a pour lui cet aveu unanime et spontané de tant de témoignages, il faut reconnaître que sa législation offre une diversité infinie; et l'on peut remarquer que chez toutes les nations

---

(1) Puffendorf, *de Jur. nat. et gent.* IV, vi, § 14.
(2) *Cyropédie*, VII, ch. v, § 26. — *Conf.* loi de Manou, liv. X, sl. 115. — Meng-Tseu, liv. I. ch. i, art. 5.
(3) Décrétales, pars II, causa xxiii, quæst. v.
(4) Quintilien, *Inst. or.*, V, 10. — Quinte-Curce, *passim.*
(5) Grotius, Vattel, Burmaiaqui.

où le droit a commencé de s'affirmer, on a pour
ainsi dire cherché à altérer cette règle, comme si
elle semblait dangereuse et injuste. L'occupation
guerrière a été partout détournée de son sens juridique, comme un mode d'acquérir qui ne serait
pas normal.

C'est ainsi que le droit des Grecs la faisait tour-
ner au profit du général d'armée (1); le droit romain avait fini par la prohiber presque au profit de
l'individu.

Saint Ambroise, tout en reconnaissant que le
butin est une récompense due au courage, *partem
emolumenti tanquam mercedem laboris* (2), en ordonne le partage entre les soldats : ainsi décide le
texte des Decrétales tout à l'heure cité.

De même, deux versets d'al Koran attribuent les
dépouilles de l'ennemi à des personnes étrangères,
et même à Dieu : « La cinquième part revient à
» Dieu, au Prophète, aux parents, aux orphelins,
» aux pauvres, aux voyageurs. — S'ils t'interro-
» gent au sujet du butin, réponds-leur : Le butin
» appartient à Dieu et à son envoyé (3). »

Les anciens procédaient souvent à un partage
soit par le sort, soit par attribution : ainsi firent
les Grecs à Troie (4), les soldats d'Annibal après la

_____

(1) Diodore, l. XI, p. 63. — Polybe, *Histoire*, liv. II, p. 117. —
Hérodote, liv. IX, ch. LXXX.
(2) Saint Ambroise, *Abraham*, I, 3.—Ancien Testament, *Samuel*
XXX, 24 et 25.
(3) Koran, ch. VIII, w. 42 et 1.
(4) Virgile, *Énéide*, liv. II, w. 763 et suiv. — Homère, *Iliade*,
liv. IX, v. 330. — *Odyssée*, l. IX, v. 39; — XIV, v. 232.

bataille de Cannes (1); et cette coutume était suivie chez les Francs (2) et chez les Espagnols (3).

D'après la loi turque (4), le roi prend tantôt un cinquième, tantôt un tiers ou une moitié dans le butin; le général, un septième ou un dixième; les soldats ont le reste.

De sorte qu'on semblait craindre de faire attribution à telle ou telle personne, et, pour l'éviter, on faisait hommage de la chose à la Divinité (5), ou au prince, ou parfois on tirait au sort, comme si l'on voulait, en partageant le butin, diviser une responsabilité qui pouvait être trop lourde (6).

Plus tard, les jurisconsultes crurent devoir faire des distinctions.

Puffendorf voulait que le butin ne fût acquis par occupation que dans une guerre juste, et la question se réduisait à savoir si le motif de la guerre était légitime; à tel point que ce philosophe en arrive à se demander si l'occupation est permise dans une guerre entreprise contre les sauvages, par le motif qu'ils se nourrissent de chair humaine; et, pour reconnaître la justice de cette conquête, il va même jusqu'à distinguer si ces Indiens se contentent de manger les personnes de leur religion, ou s'ils mangent aussi des étrangers (7).

(1) Tite-Live, l. XXII, ch. LII.
(2) Grégoire de Tours, liv. II, ch. XXVII.
(3) *Leges hisp.*, IV, t. XXVI, p. 2.
(4) Lenuclavius, l. III et V.
(5) Thucydide, l. III, ch. CXIV.
(6) *Conf.* J.-J. Barthélemy, *Recherches sur le partage du butin chez les peuples anciens.*
(7) Dans ce dernier cas, Puffendorf distingue encore entre l'hy-

Grotius, croyant trouver le fondement de la conquête dans le droit de réparation qui appartient à la nation offensée, pense qu'on ne peut s'approprier les choses et les prisonniers qu'autant qu'il le faut pour égaler la valeur de la dette (1).

En un mot, si le consentement universel semble reconnaître la légitimité du droit de conquête, il résulte de l'examen des législations que le véritable principe de ce droit a été méconnu, puisque le désaccord le plus parfait règne sur le point de savoir quel en est le fondement.

L'occupation paraît avoir été considérée d'abord comme le mode d'acquérir applicable à ces espèces. Mais au fur et à mesure que le droit des gens s'est épuré et a cédé vers cette tendance qu'il a à faire des nations ce que le droit civil fait des personnes, en leur accordant des droits corrélatifs à leurs devoirs, l'occupation est laissée de côté pour quelque autre fondement plus juridique qu'on a cherché, mais qui n'a pas été indiqué. Ce fondement, nous espérons le démontrer ici, n'est pas l'occupation : elle n'est pour rien dans l'acquisition, par le vainqueur, soit du butin, soit du territoire conquis sur l'ennemi.

72. — Avant tout, il faut distinguer entre les choses mobilières prises sur l'ennemi, *præda bellica*, et les portions de territoire qui, en vertu de traités, sont quelquefois cédées, à la fin d'une guerre,

---

pothèse où ils mangent des ennemis et celle où ils dévorent des gens qui voyagent honnêtement. — *Loc. cit.*, § 5.

(1) *De Jure bel. ac pac.*, liv. III, chap. v, § 2; chap. xiv, § 1.

par une nation belligérante à l'autre. Quant à ces dernières choses (1), il ne peut être question d'appropriation par occupation, parce qu'il n'y a là ni propriété ni occupation.

Il n'y a pas de propriété, car les nations n'acquièrent sur les biens composant la conquête qu'un droit de souveraineté, et le droit des gens ne permet pas qu'on dépouille les particuliers qui ne font pas la guerre au profit des États qui la font : *Ad reges potestas omnium pertinet, ad singulos proprietas* (2). C'est donc contrairement au droit des gens que le premier gouvernement impérial avait disposé, sous le nom de *domaine extraordinaire* (3), d'un ensemble de biens acquis dans les

(1) Neerman, *von dem Recht der Eroberung*, Erfurth, 1774. — Vattel, III, 195. — Puffendorf, VIII, 6, 20. — de Martens, § 277. — Wheaton, IV, 2, § 16. — Cour de cass., 11 décembre 1816; 11 avril 1830. — Le premier de ces arrêts est très-explicite.

(2) Sénèque, *de Beneficiis*, VII, ch. IV. — *Conf.* Cujas, *Obs.*, liv. XIX, ch. VII. — Jean d'Acosta.

(3) Le *domaine extraordinaire*, qui remonte à la loi des 1-11 floréal an XI, se composait du territoire acquis par occupation, que le chef du gouvernement partageait entre les vétérans des armées de terre ou de mer, ou qu'il transférait comme apanage avec des titres de noblesse à ses généraux et aux membres de sa famille. (V. décrets du 30 mars 1806, qui dispose de la principauté de Neufchâtel en faveur du général Berthier; du 5 juin 1806, qui transfère à M. de Talleyrand la principauté de Bénévent, en constituant ces dotations en majorats.) Ces créations de majorats avaient un double but politique : d'abord d'annexer plus intimement les provinces conquises, et surtout de créer, en face des grandes familles de l'ancien régime, une nouvelle noblesse tout attachée à l'empire. Un sénatus-consulte du 30 janvier 1810 déclara que tous les biens acquis par la guerre composeraient à l'avenir le domaine extraordinaire. Accrue à partir de 1809 par l'affectation des canaux du Midi, du Loing et d'Orléans (décret du 10 août 1809), des biens confisqués sur les sujets anglais (décret du 21 nov. 1806), et d'autres encore, cette institution florit jusqu'en 1811, et se démembra par le traité

guerres par conquête ou en vertu de traités, pour les affecter à la récompense des grands services civils ou militaires. Il est évident que le chef de l'État ne pouvait disposer en propriété privée que des biens du domaine privé, et qu'il ne pouvait céder les provinces entières qu'en souveraineté, à moins de recourir à l'expropriation.

Il n'y a pas d'occupation, parce que les provinces conquises n'appartiennent définitivement au vainqueur qu'en vertu d'un traité. L'occupation, en dehors du contrat, n'est qu'un fait provisoire (1) qui ne modifie en rien les droits des belligérants : fait si peu créateur d'un droit, qu'il faut un accord de volontés pour le reconnaitre, et que rarement l'étendue des territoires cédés est en rapport avec celle des provinces occupées (2).

La conquête ne fait donc rien acquérir par occupation ; elle ne donne au vainqueur que l'avantage de pouvoir contraindre le vaincu à signer un traité.

de Paris, qui déposséda plus de trois mille donataires, en déclarant que le gouvernement français renonçait à toutes les réclamations qu'il pourrait faire contre les puissances alliées à titre de dotations et autres charges (30 mai 1814), et qui rendit aux sujets anglais les terres qu'on leur avait enlevées. A partir de cette date, le domaine extraordinaire, attaqué encore par la restitution des émigrés (loi du 5 décembre 1814), se désorganisa complétement, et la liquidation définitive des droits des donataires a été sinon accomplie, du moins ordonnée par la dernière loi sur cette matière, qui est du 26 juillet 1821.

(1) Voir l'arrêt de Cassation déjà cité du 11 déc. 1816, dans une affaire de *Looz-Corswarem*, relative à l'occupation qui prit fin le 17 décembre 1797 par le traité de *Campo Formio*.

(2) Traité de paix entre la France et la Russie, du 30 mars 1856, art. 31.

Elle a encore, au point de vue du droit civil, certaines conséquences qu'il faut indiquer ici.

73. — L'occupation militaire est un fait : elle n'a d'influence sur les actes juridiques que comme un fait.

Elle ne modifie donc en rien les droits de chacun, soit en ce qui concerne les personnes, soit en ce qui touche les statuts réels, en dehors des faits matériels auxquels elle donne lieu. Et ce caractère n'est pas nouveau : lorsque Annibal campait aux portes de Rome, le champ même qu'occupait son armée fut vendu aussi cher qu'il l'eût été en temps de paix (1).

Elle constitue, dans différentes hypothèses prévues par la loi civile, la *force majeure* ou le *cas fortuit* (2) :

1º Elle peut, dans le cas de l'art. 1ʳ du Code civil, augmenter le délai légal qui rend les lois exécutoires, si elle retarde la connaissance de la promulgation (3);

2º Si elle empêche les communications avec les autorités civiles, on peut appliquer, *même en France*, les règles spéciales concernant les actes d'état civil des militaires (art. 88 et suiv.);

3º De même pour les testaments (art. 983);

4º Ni le propriétaire ni l'usufruitier ne sont

(1) Tite-Live, XXVI, ch. XI, nº 6.
(2) Règlement du 1ᵉʳ sept. 1827 sur *les subsistances militaires*, art. 289. — Cons. d'Ét., 6 août 1870.
(3) Mourlon, t. I, p. 43. — Marcadé, t. I, p. 31. — Fenet, t. VI, p. 32.

tenus de rebâtir ce qui a été détruit par suite d'une invasion (art. 607);

5° La destruction des immeubles par l'ennemi est une cause d'extinction de l'usufruit (art. 617) et des servitudes (art. 703);

6° Enfin elle crée toutes les conséquences résultant du cas fortuit en matière de garantie pour éviction (art. 1631), pour vices redhibitoires (art. 1648), de résiliation de bail (art. 1722) (1), de dégradations locatives (art. 1730), d'incendie en cas de louage d'immeubles (art. 1733), et, en général, en tout ce qui concerne les contrats (art. 1148) (2).

Il a été jugé cependant que le caractère de force majeure et de cas fortuit disparaît quand, au moment du contrat, les parties ont pu prévoir le fait d'occupation, et, à plus forte raison, quand l'invasion était déjà commencée : par exemple pour un marché conclu au mois de novembre 1870, dont on demandait le résiliement pour force majeure résultant de l'occupation allemande (3).

— Mais, si l'occupation militaire est un fait, elle est un fait provisoire : d'où il suit qu'elle laisse subsister tout ce qu'elle ne détruit pas matériellement. Aussi il est facile de décider ce qui en résulte quant à la compétence des tribunaux et des autorités. L'envahisseur les a-t-il changés en fait ? leur compétence n'existe plus; a-t-il laissé subsister les mêmes

(1) Trib. de Lyon, 23 mars 1871.
(2) Cour de Nancy, 3 juin 1871; 11 juillet 1871.
(3) Trib. de com. de Rouen, 27 mars 1871. — *Conf.*, Paris, 2 janvier 1871.

tribunaux et les mêmes agents? ils sont restés com-
pétents.

La jurisprudence s'est prononcée sur ce point.
Un certain Loubert, condamné à cinq années de
réclusion pour attentat à la pudeur par la cour d'assises de Colmar le 21 novembre 1870, a demandé
la cassation de l'arrêt, par le motif que le département du Haut-Rhin était alors occupé par les armées prussiennes et qu'il n'appartenait pas aux
tribunaux français de juger dans un pays qui était
déjà et est resté allemand. Mais la Cour suprême a
constaté qu'en fait les tribunaux français n'avaient
pas été remplacés au jour de l'arrêt attaqué; que,
par conséquent, leur compétence avait persisté, et
elle a rejeté le pourvoi (1).

— Tel est le caractère de l'occupation du territoire. Ici se placerait l'étude des conséquences juridiques de l'occupation particulière imposée à
certains départements français, jusqu'au payement
intégral de l'indemnité de guerre, par le traité du
26 février 1871.

Les bases de cette occupation sont indiquées par
les art. 4 et 8 du traité, qui portent que les troupes
allemandes s'abstiendront de toutes réquisitions,
qu'elles seront alimentées par le gouvernement
français, et que l'administration est remise aux
agents français, sauf à se conformer aux ordres
que les commandants croiraient devoir donner dans
l'intérêt de la sécurité des troupes, etc. On voit que

(1) 27 sept. 1871. — *Conf.* arrêt du 16 avril 1826.

cette situation peut faire naître des difficultés tant civiles qu'administratives, dont l'examen, d'un intérêt malheureusement trop actuel, sortirait du sujet que nous nous sommes proposé.

74. — En ce qui touche le butin mobilier, c'est-à-dire les armes, les vivres, les vaisseaux, etc., c'est encore à tort qu'on en attribue l'acquisition à l'occupation. Ici, toutefois, il n'y a pas de doute : dès que le butin est aux mains de l'ennemi, il lui appartient. Mais est-ce bien par occupation que le soldat acquiert pour sa nation les armes dont il s'empare, les convois qu'il arrête ?

Une grande règle établie plus haut en matière d'occupation, c'est qu'elle n'a lieu que sur des choses qui n'ont pas de maître ; en dehors de cela, point d'occupation : il n'y a que la tradition, les contrats, et le vol. J'occupe sans doute la somme que vous me donnez, le champ que vous m'avez vendu ; j'occupe, si vous voulez, le mouchoir que je prends dans votre poche ; mais tout cela n'est pas de l'occupation. Si, en face de mon titre d'occupant, s'élève votre droit plus ancien de propriétaire, mon action n'est plus qu'un fait, et, au lieu de la propriété, je n'ai plus qu'une détention.

Dans notre hypothèse, par conséquent, l'occupation n'a que faire. S'agit-il d'objets qui n'appartiennent à personne ? Loin de là, puisque le propriétaire en défend la possession au péril de sa vie. La nation qui se voit dépouillée de ses biens ne s'en considérait-elle pas comme propriétaire, et a-t-elle abdiqué cette propriété au moment où, par force, l'ennemi les lui ravit ? Peut-on dire qu'il s'empare d'une chose *nullius* qui peut appartenir au premier venu ? Sans doute le fait de prise de possession se produit, mais il n'est pas la cause, le fondement du droit.

— Et cependant, la nation ainsi dépouillée à son corps défendant reconnaît parfaitement cette loi du plus fort, et considère ces objets comme devenus la propriété de l'ennemi. A quel titre celui-ci est-il donc devenu propriétaire ?

Le fondement de ce droit se trouve dans un accord de volontés, dans une obligation résultant d'un contrat tacite. La nation qui déclare la guerre, celle qui la rend nécessaire, ou celle qui fait une guerre défensive en refusant de satisfaire à des prétentions justes, — sauf à ceux qui ont tort à supporter toute la responsabilité morale, — s'engagent par cela même, de par le droit des gens, à faire de la force le droit, pour tout ce qui concerne les faits de guerre ; et, d'après ces lois naturelles internationales, la nation qui parvient à enlever à l'autre ses armes ou ses munitions en devient propriétaire. C'est à ce point de vue que se plaçait Puffendorf quand il écrivait : « Les guerres déclarées dans les formes renferment une espèce de convention qui se réduit à ceci : « Faites contre » moi ce que vous pourrez, je ferai contre vous, » de mon côté, tout ce qu'il me sera possible (1). »

Ce n'est donc pas par occupation que l'on ac-

_____

(1) *Du Droit de guerre*, liv. VIII, ch. VI, § 7.

quiert ; la nation devient propriétaire des biens que l'autre nation consent à lui céder, sous la condition que celle-là s'en emparera. Cette explication peut paraître brutale, mais elle est la seule vraie. Quant à l'occupation, elle n'est ici qu'un fait qui exécute l'engagement, qui détermine le moment et les choses, mais qui ne crée en rien un droit antérieur. Vous êtes propriétaire pour avoir occupé, mais non pas uniquement par cela ; vous avez acquis ce que vous m'avez pris, parce que je l'ai voulu : ma seule volonté fait votre juste titre ; votre fait n'est que la condition. Et de même que la chose qui vous est donnée *si tel navire revient d'Asie,* vous ne direz jamais qu'elle vous est acquise *par l'arrivée d'un navire,* mais bien par legs, obligation, etc. ; de même, le butin que vous me prenez à la guerre, vous l'acquérez non par occupation, mais à l'occasion de votre occupation, ce qui est bien différent.

75. — Une pareille théorie n'aurait qu'un intérêt de discussion tout analytique, si nous n'avions à en tirer deux conséquences pratiques d'une grande importance :

L'une, c'est que s'il n'y a pas occupation mais bien convention, les objets occupés sont non pour l'occupant, mais pour la partie qui a contracté ; non pour le soldat, mais pour la nation. D'où ce corollaire que l'ancienne maxime « *ce qui tombe dans le fossé est pour le soldat* » est un contre-sens, et que le droit de sac et de pillage est aujourd'hui réprouvé ; de telle sorte que le soldat qui s'em-

pare, avec intention de se l'approprier, du butin
pris sur l'ennemi, commet un fait d'occupation
sans titre contre un juste titre, ou, plus simplement, un vol (1).

La seconde est que les biens susceptibles de
conquête ne peuvent être que ceux des parties
contractantes, c'est-à-dire les objets d'équipement,
d'armement et autres appartenant à la nation elle-
même. Il ne faut pas s'imaginer que l'on puisse
prendre ou garder innocemment tout ce qui appartient à l'ennemi, quelque juste que soit la guerre (2).
Il ne saurait, en effet, être question de butin à l'encontre des particuliers : ils n'ont pas plus accepté la
quasi-convention qu'ils ne l'ont imposée ; ils y sont
étrangers, et, si l'on peut s'exprimer ainsi, le titre
n'est pas exécutoire contre eux : *res inter alios acta*.
Aussi toute soustraction commise par des belligérants au préjudice des habitants envahis et, en
général, de quiconque n'exerce pas par délégation
les droits de l'État ennemi, ne peut être considérée
que comme rapine ou vol, et comme une violation
du droit des gens. Contre laquelle, malheureusement, la nation dépouillée est toujours impuissante.

76. — Le même principe, appliqué à la législation des *prises maritimes*, démontre tout ce que
cet usage a d'injuste et de contraire au droit.

(1) Tout militaire qui aura dépouillé un homme tué au combat
sera puni de cinq ans de fers (loi du 21 brumaire an V, art. 5 du
titre V. — Conf. art. 6 et suiv.). — Le Code général de Prusse lui-
même consacre ce principe ; mais il reconnaît à l'État et aux généraux le droit d'autoriser le pillage (I, 9, art. 193, 197).
(2) Grotius, *loc. cit.*

Les prises maritimes ou *la course*, dont l'origine est postérieure aux grandes découvertes de Gama et de Colomb, donnent à une nation belligérant, le droit de s'emparer de tout navire de guerre ou de commerce circulant dans un lieu autre que les territoires neutres (1).

De nombreuses ordonnances, depuis 1401 jusqu'à celle d'août 1681 sur la marine, ont réglementé les prises maritimes, tant en ce qui concerne les questions de propriété qu'en ce qui touche la juridiction spéciale, attribuée d'abord à l'amiral, puis, en 1659, au Conseil des prises, institué par lettres patentes du roi, avec recours au Conseil royal des finances (2). Elle a passé ensuite aux tribunaux de commerce (3), au Comité de salut public (4), à un Conseil des prises créé à Paris par la loi du 6 germinal an VIII, dont les décisions étaient susceptibles de recours au Conseil d'État (5).

Le Conseil des prises, supprimé après la guerre de Crimée (6), a été rétabli au commencement de l'expédition d'Italie (7), renouvelé par décret en date du 18 août 1870, et suppléé enfin par un nouveau Conseil provisoire nommé pendant le siège

---

(1) *Consolato del mare*, ch. 257.
(2) Règlement du 9 mars 1693, art. 15.
(3) En 1793.
(4) 12 germinal an II.
(5) Décret du 11 juin 1806. — Le décret réglementaire du 30 janvier 1852 met les décrets sur prises maritimes dans les attributions de l'assemblée générale du Conseil d'État (art. 13).
(6) Décret du 3 mai 1856.
(7) Décret du 9 mai 1859.

par la délégation du gouvernement de la défense
nationale à Tours (1).

L'usage des prises maritimes existe donc encore
de nos jours ; mais la législation, tant internatio-
nale que civile, tend à le renverser et à y substituer
les saines doctrines que nous venons d'exposer. Dès
le xvII° siècle, la Suède et les provinces des Pays-
Bas avaient pris la résolution de supprimer cette
institution (2) ; et cette idée, oubliée bientôt par ces
deux puissances, a été reprise plus tard chez nous.
C'est ainsi qu'en 1792 un projet de loi ayant pour but
d'abolir la course fut présenté à l'Assemblée ; mais
on rejeta ce projet, malgré les considérations de
justice et d'utilité qui l'avaient dicté, et qui firent
dire plus tard à l'auteur du blocus continental :
« Il est à désirer que les nations puissent se battre
» sans donner lieu à la confiscation des navires
» marchands (3). » Quoi de plus contraire au droit
des gens, en effet, que de faire supporter à la propriété privée les suites des fautes publiques, et de
porter atteinte au commerce, qui est toujours
neutre ?

Au commencement de la guerre d'Orient, le
chef de l'État déclara (4) qu'il n'avait pas, « pour le
» moment, l'intention de délivrer des lettres de
» marque pour autoriser les armements en course. »
Enfin, en 1856, après le traité de paix conclu entre
les puissances européennes, les nations contrac-

(1) Décret du 27 oct.-12 nov. 1870.
(2) Traité de 1675, art. 11, entre la Suède et les provinces unies.
(3) Mémoires de Napoléon, t. III, ch. VI.
(4) Acte du 29 mars 1854.

tantes, « considérant que le droit maritime, en
» temps de guerre, a été pendant longtemps l'objet
» de contestations regrettables, » formulèrent cette
déclaration :

« Art. 1er. — La course est et demeure abolie.

» Art. 2. — Le pavillon neutre couvre la mar-
» chandise, à l'exception de la contrebande de
» guerre.

» Art. 3. — La marchandise neutre n'est pas sai-
» sissable sous pavillon ennemi.

» Art. 4. — Les blocus, pour être obligatoires,
» doivent être effectifs (1). »

Il en résulte que le droit de prises maritimes est
supprimé sur tous les navires neutres, et qu'il est
maintenu en ce qui touche les navires appartenant
à la nation ennemie, qu'ils soient marchands ou de
guerre. C'est encore un abus, puisque le droit
d'occupation subsiste sur des objets appartenant à
des particuliers; mais un grand pas a été fait, en
ce que le contrat tacite de guerre se trouve désormais déterminé quant aux prises maritimes.

77. — Examinons maintenant dans quelles conditions s'exerce le droit de prise :

1° Un navire ne peut être conquis que par nation
ennemie sur nation ennemie; toute prise maritime
faite en temps de paix est considérée comme acte
de piraterie et punie comme tel (2). Le droit de

(1) Déclaration du 16 avril 1856. — Décret du 28 avril 1856. Cette
déclaration n'est obligatoire que pour les États dont les plénipo-
tentiaires ont figuré au traité.

(2) Valin, *Traité des prises*, l. I, ch. v, sect. 1, n° 4, et ch. IV,
sect. 4.

prise commence au jour de la déclaration de guerre (1) et finit à la date du traité définitif. On a cependant coutume de stipuler un délai après la cessation des hostilités pendant lequel les navires sont de bonne prise, à raison du temps moral nécessaire pour que la fin de la guerre soit connue en mer (2).

2° Le capitaine qui s'empare du vaisseau ennemi, s'il n'est pas au service de l'État, doit être muni de *lettres de marque*, concédées par l'amirauté sous l'ordonnance de 1681, nécessaires pour exercer la course. Le navire qui possède cette commission régulière a le droit de poursuivre l'ennemi au-delà des frontières, *jus transeundi marchas*, et prend le nom de *corsaire*.

3° La troisième condition depuis le traité de 1856 est que le navire dont on s'est emparé soit un vaisseau ennemi. On n'en excepte que les bateaux de pêcheurs, pour une raison d'humanité (3) qui milite pourtant de la même façon en faveur des bâtiments marchands.

Quant à la question de savoir si un navire est neutre ou ennemi, sa nationalité doit être prouvée par actes authentiques (4), passeports, connais-

(1) Règlement du 26 juillet 1778.—Traité de 1801, *entre la France et les États-Unis.*

(2) Traité de paix avec l'*Allemagne* (31 mai 1871), art. 13 : « Les bâtiments allemands condamnés par les Conseils des prises avant le 2 mars 1871 seront considérés comme pris définitivement. »

(3) Traité de 1785 *entre la Prusse et les États-Unis.* — Arrêt du Conseil des prises, 9 *thermidor an* IX.

(4) Règlement du 26 juillet 1778, art. 7.

sements, factures et autres pièces de bord. Sont de bonne prise les bâtiments dont la neutralité n'est pas justifiée conformément aux règlements ou traités (1).

On assimile aux bâtiments ennemis les navires neutres qui tentent de violer un blocus régulièrement établi (2), c'est-à-dire effectif (3), et maintenu strictement par la force armée de la nation belligérante. Le *blocus sur papier* n'est pas reconnu.

Ajoutons que ce blocus doit être notifié aux puissances étrangères, pour qu'il leur soit opposable (4).

— Dans ces conditions, le capteur acquiert le navire dont il s'est emparé. Mais la loi française le soumet, en outre, à certaines prescriptions. Ainsi, il ne doit tirer sur l'ennemi qu'après avoir arboré le pavillon français, sous peine d'être poursuivi comme pirate (5). Il est tenu, en outre, d'amener en France tous les prisonniers qu'il pourra faire ; sinon il encourt une amende de 100 fr. pour chaque individu remis en liberté (6). Enfin, défense lui

---

(1) Arrêté du 2 prairial de l'an XI, art. 53.
(2) James Reddie, *Researches historical and critical on maritime international law.*
(3) Le lieu bloqué est celui dont les batteries de terre ou des vaisseaux stationnant en dehors ferment l'accès. —(*Code général de Prusse*, I, t. ix, art. 219.)
(4) Vattel, *Droit des gens,* l. III, ch. vii, § 2. — Pöhls, p. 1160. — Pando, p. 497. — Heffter, *Droit international public de l'Europe,* p. 299.
(5) Loi de 1825, art. 3 et 6.
(6) Arrêté de l'an XI, art. 35.

est faite de rançonner les vaisseaux hors certains cas déterminés par la loi (1) : toutes conditions dont l'examen est de la compétence du Conseil des prises (2).

Les prises faites par les corsaires particuliers, munis de la lettre de marque, se partagent par moitié entre les propriétaires des navires et les armateurs et hommes d'équipage.

Le vaisseau capteur appartient-il à l'État, la capture est attribuée aux individus qui composent l'état-major et l'équipage (3).

Enfin, l'art. 29 du règlement de l'an IX, prévoyant le cas où des armées combinées font la guerre en commun, décide qu'on doit avoir égard au nombre des vaisseaux de ligne de chaque nation, pour opérer le partage des prises proportionnellement. Mais cette disposition ne peut avoir aucune force de loi vis-à-vis des nations alliées; on y supplée par un traité international (4).

78. — Signalons, en terminant, une loi non abrogée qui interdit d'introduire en France, sous

---

(1) Arrêté de l'an XI, art. 39.

(2) De quelle nation? Du capteur, si le navire est pris dans l'étendue de sa juridiction (Galiani, *Doreri dei principi naturali*, ch. IX); du lieu de la prise, s'il est pris dans un port neutre. S'il est pris en pleine mer, c'est par la force des choses le juge du capteur, à moins que le navire inquiété n'ait regagné son territoire (De Marteus, *Ueber Caper*, § 36).

(3) Règlement de ventôse an IX, art. 1er.

(4) Voir le traité du 10 mai 1854 *entre la France et l'Angleterre*.

quelque prétexte que ce soit, des biens pris en mer sur les Français, à peine de confiscation desdits objets sans aucune indemnité (1).

(1) Ord. du 22 sept. 1639.

TABLE

DES CHAPITRES ET DES NUMÉROS.

Poitiers. — Typ. de A. Dupré.

www.ingramcontent.com/pod-product-compliance
Lightning Source LLC
Chambersburg PA
CBHW071656200326
41519CB00012BA/2532